club des cordeliers, klub der »gesellschaft der freunde der menschenrechte«, 1790 im früheren kloster der cordeliers gegründet, der, im gegensatz zu den jakobinern, vor allem die unteren volksschichten ansprach. an seiner spitze: marat, desmoulins, hébert, danton...

Eugen Ochs

Ein Arbeiter im Widerstand

ed.co. edition cordeliers

Redaktion: Heinrich Schwing

Cip-Kurztitelaufnahme der Deutschen Bibliothek

Ochs, Eugen:
Ein Arbeiter im Widerstand/Eugen Ochs.—
Stuttgart: Edition Cordeliers, 1984.

ISBN 3-922836-14-3

Verlags- und Vertriebs-GmbH.,
Olgastraße 67A, D-7000 Stuttgart-1
Stuttgart 1984 / Printed in Western Germany

Satz, Repro, Gesamtherstellung:
Trojanisches Pferd, Repro-grafic-GmbH., Stuttgart

Druck:
Gutmann + Co GmbH, Heilbronn

ISBN 3-922836-14-3

Inhaltsverzeichnis

Einleitung

Verantwortlich ist man nicht nur für das, was man tut, sondern auch für das, was man nicht tut.

Laotse, 604 v.Chr.

Nach jahrelangem Zögern habe ich mich entschlossen, den Anregungen einiger Freunde zu folgen, meine Erlebnisse während des Dritten Reiches schriftlich festzuhalten. Die Erfahrungen der letzten Zeit und die häufigen Zweifel hinsichtlich der Geschehnisse in den KZ's haben mich bewogen, auch einen Teil zur Klärung der Tatsachen beizutragen. Dabei will ich mich bemühen, objektiv und wahrheitsgemäß über das zu berichten, was ich selbst erlebt oder aus zuverlässigen Quellen mitbekommen habe. Damit der Leser weiß, mit wem er es zu tun hat, in Kürze einige Bemerkungen zu meiner Person.

Im April 1905 als Sohn eines Arbeiters in Stuttgart geboren und dort aufgewachsen. Von 1912 bis 1920 Besuch der Bürgerschule (Mittelschule). Bei Daimler Untertürkheim von 1920 bis 1924 eine vierjährige Lehre als Maschinenschlosser. Anschließend in zwei Metallbetrieben tätig, zuletzt bis zu meiner Verhaftung im Dezember 1934 auf Montage gearbeitet.

Durch den ersten Weltkrieg und die Revolution 1918 wurde mein politisches Interesse geweckt; deshalb schloß ich mich 1920 der Kommunistischen Jugend und später der KPD an. Da ich, wie viele andere Mitglieder, mit der Politik der KPD nicht mehr einverstanden war und dies zum Ausdruck brachte, wurde ich Ende 1928 aus der KPD ausgeschlossen. Ich schloß mich dann der KPDO (Kommunistische Partei Opposition) an. 1921 trat ich in den DMV (Deutscher Metallarbeiterverband) ein und war dort auch ehrenamtlicher Funktionär. Von Dezember 1934 bis Mai 1945 im Zuchthaus und KZ. Nach 1945 wieder gewerkschaftlich tätig. Ab 1946 hauptamtlicher Sekretär bei der Ortsverwaltung Stuttgart der Industriegewerkschaft Metall (früher DMV). 1955 wurde ich bei der selbständig gewordenen Ortsverwaltung Ludwigsburg als 1. Bevollmächtigter gewählt. Diese Funktion übte ich bis zu meinem vorgezogenen Ruhestand 1969 aus.

Ein Arbeiter im Widerstand

1. Die Machtübernahme

Am 30.Januar 1933 ging ich in Stuttgart zum Hauptbahnhof, um nach Straßburg an meinen damaligen Montageort zu fahren. Am Bahnhof kaufte ich mir das Stuttgarter Tagblatt (heute Stuttgarter Zeitung). Welche Überraschung, dort las ich die große Schlagzeile: «Hitler Reichskanzler».Reichspräsident von Hindenburg, bei der Wahl 1932 von der SPD als kleineres Übel empfohlen, brachte uns jetzt das große Übel, denn er hatte Hitler zum Reichskanzler ernannt. Leider war es den Bemühungen der KPO nicht gelungen, die SPD und die KPD sowie die Gewerkschaften zu gemeinsamen Aktionen zu bewegen. Nur die Einheitsfront dieser Organisationen wäre in der Lage gewesen, die Machtübernahme der Nazis zu verhindern. Vom Bürgertum und von der Wirtschaft war kein Widerstand gegen die Nazis zu erwarten; sie wollten den starken Mann, der die Arbeiterparteien und die Gewerkschaften ausschalten würde.

Leider konnten weder die SPD noch die KPD den Arbeitern eine vernünftige Analyse über den Faschismus anbieten. Als die Nazis bereits die Macht ergriffen hatten, lebten manche führende Funktionäre noch in Illusionen über die weiteren Entwicklungen. Am 3.Februar 1933 erklärte Alwin Brandes, Vorstandsmitglied des DMV, anlässlich einer Tagung des erweiterten Beirats:
«Die Nazis rechnen mit einer Entwicklung wie in Italien, doch Deutschland ist nicht Italien, und Hitler ist nicht Mussolini, und die deutsche Arbeiterschaft ist nicht die gleiche wie in Italien...
Die Erbitterung der Arbeiterschaft über die Machenschaften der deutschen Machthaber ist außerordentlich groß und das Verlangen an die politischen Parteien, die Pläne der Reaktion mit Gewalt zu zerschlagen, verständlich. Eine gewaltsame Auflehnung gegen diese Regierung würde ihr den Vorwand zum Staatsstreich geben. Es ist deshalb notwendig, daß die organisierte Arbeiterschaft ruhige Nerven behält.» (75 Jahre Industriegewerkschaft 1891 bis 1966, Ausgabe 1966, Seite 282)

Die Sozialdemokraten und die von ihnen geführten Gewerkschaften meinten noch immer, die Nazis könnten sich nicht lange halten und würden bald wieder aufgeben. Sie wollten bei den Nazis mitmischen, um diese gewünschte Entwicklung zu beschleunigen. Deshalb forderten die Gewerkschaften die Arbeiter auf, am 1.Mai 1933 an den von den Nazis organisierten Maifeiern teilzunehmen. Nur einen Tag später, am 2.Mai 1933, bekamen sie die Quittung. Die Gewerkschaftshäuser wurden von den Nazis besetzt, die Gewerkschaften zerschlagen.

Die Offiziellen der KPD sahen in der Brüning-Regierung (1930-1932) mit ihren Notverordnungen bereits den Faschismus, obwohl keine Partei verboten war. Sie meinten, der Faschismus würde unter Hitler ähnlich laufen wie unter Brüning. Daß der Faschismus die absolute Alleinherrschaft beinhaltete, das war weder der KPD noch den anderen Arbeiterorganisationen aufgegangen. Die KPO hatte in ihren Publikationen - die Tageszeitung «Arbeiterpolitik», die Wochenzeitung «Arbeitertribüne» in Stuttgart und die Funktionärszeitschrift «Gegen den Strom» - lange vor der Machtübernahme klar und deutlich zum Ausdruck gebracht, daß die Nazis die absolute Macht erstreben und dabei mit den brutalsten Mitteln die gesamte Arbeiterbewegung und ihre Funktionäre ausschalten werden. Um dies zu verhindern, wäre es nach Meinung der KPO notwendig gewesen, daß die SPD und die KPD trotz verschiedener Auffassungen eine Einheitsfrontpolitik betreiben, die, in Zusammenarbeit mit den Gewerkschaften, gemeinsame Aktionen gegen die Nazis ermöglicht hätte; denn von den Nazis hätten alle drei Organisationen nichts Gutes zu erwarten. Leider waren, wie gesagt, die Bemühungen der KPO vergeblich. Das Verhängnis nahm seinen Lauf.

In Straßburg hatten die Franzosen nach Hitlers Machtübernahme entsprechend reagiert. Kein Wunder, denn die SA marschierte auf der Kehler Rheinseite in provozierender Weise mit ihren Hakenkreuzfahnen auf. In Straßburg hatten die Franzosen einen deutschen Rheinschiffer, der in einem Lokal mit «Heil Hitler» gegrüßt hatte, krankenhausreif geschlagen. Die neue Situation wirkte sich nicht nur auf der Straße aus, auch im Wirtschaftsleben machten sich Schwierigkeiten bemerkbar. Mein Firmenvertreter, ein alteingesessener Elsässer, erklärte mir nach einiger Zeit, er könne mit bestem Willen keine Aufträge mehr für eine deutsche Firma hereinholen. An den vorhandenen Anlagen mußte ich sämtliche Schilder in deutscher Sprache gegen solche in französischer Sprache austauschen. Mitte 1933 waren alle Aufträge erledigt; von nun an mußte ich nur noch zu Reparaturzwecken nach Straßburg.

2. « Volk ohne Raum »

Nicht nur im Inneren wollte Hitler seine Macht voll ausschöpfen. Darüber hinaus blickte er nach dem Osten; dort lag für ihn die Zukunft für das deutsche Volk ohne Raum. Dort gab es Grund und Boden. So schrieb er in seinem Buch «Mein Kampf», Ausgabe 1936, nachdem er sich gegen die von nationalen Gruppen geforderte Wiederherstellung der deutschen Grenzen von 1914 (insbesondere die Rückgabe von Elsaß-Lothringen) gewandt hatte, auf Seite 739 folgendes:
«Demgegenüber müssen wir Nationalsozialisten unverrückbar an unserem außenpolitischen Ziel festhalten, nämlich dem deutschen Volk den

ihm gebührenden Grund und Boden auf dieser Erde zu sichern. Und diese Aktion ist die einzige, die vor Gott und unserer deutschen Nachwelt einen Bluteinsatz gerechtfertigt erscheinen läßt».

Auf Seite 742 vertrat er seinen Widerspruch zur deutschen Außenpolitik vor dem 1. Weltkrieg:
«Damit ziehen wir Nationalsozialisten bewußt einen Strich unter die außenpolitische Richtung unserer Vorkriegszeit. Wir setzen dort an, wo man vor 6 Jahrhunderten endete. Wir stoppen den ewigen Germanenzug nach dem Süden und Westen Europas und weisen den Blick nach dem Land im Osten. Wir schließen endlich ab die Kolonial- und Handelspolitik der Vorkriegszeit und gehen über zur Bodenpolitik der Zukunft. Wenn wir aber heute in Europa von neuem Grund und Boden reden, können wir in erster Linie nur an Rußland und die ihm untertanen Randstaaten denken».
Weiter auf Seite 743:
«Unsere Aufgabe, die Mission der nationalsozialistischen Bewegung aber ist, unser eigenes Volk zu jener politischen Einsicht zu bringen, daß es sein Zukunftsziel nicht im berauschenden Eindruck eines neuen Alexanderzuges erfüllt sieht, sondern vielmehr in der emsigen Arbeit des deutschen Pfluges, dem das Schwert nur den Boden zu geben hat».
Zum Schluß wird diese Politik bekräftigt auf Seite 757:
«Nicht West- und nicht Ostorientierung darf das künftige Ziel unserer Außenpolitik sein, sondern Ostpolitik im Sinne der Erwerbung der notwendigen Scholle für unser deutsches Volk».

Diese Absichten der Außenpolitik wurden von breiten Schichten der Bevölkerung nicht beachtet oder nicht ernst genommen. Mein Jugendfreund und Genosse Alfred Albrecht, bis 1933 Vorsitzender der Metallarbeiterjugend des DMV in der Verwaltungsstelle Stuttgart und ich, wir beide gingen sofort daran, aus eigener Initiative in Gummi einen Stempel zu schneiden «Hitler gleich Krieg». Mit diesem Stempel bedruckten wir rote Klebestreifen, die wir abends bei Dunkelheit mit unseren Freundinnen an die Häuserwände klebten. Dabei spielten wir Liebespaare, um die Zettel unbemerkt anzubringen. Beim Weggehen mußten wir immer aufpassen, ob die Luft rein war. Mit dieser Aktion wollten wir die Bevölkerung auf die Kriegsgefahr aufmerksam machen, die von den Nazis heraufbeschworen wurde.

Wir waren uns darüber klar, daß die Sowjetunion nicht bereit sein würde, freiwillig Gebiete an Nazideutschland abzugeben, sodaß mit Bestimmtheit damit zu rechnen war, daß die Nazis Gewalt anwenden und einen Krieg auslösen würden. Leider hatten wir Recht; die Geschichte hat es bewiesen.

3. Die illegale Arbeit wurde organisiert

Nach dieser individuellen Aktion beteiligten wir uns an den von der KPO-Gruppe gemeinsam organisierten Maßnahmen gegen die Nazis. Dabei waren wir uns darüber klar, daß es nicht sofort um den Sturz der Nazis gehen konnte, dies wäre illusionär gewesen. Es kam jetzt darauf an, trotz Terror der Nazis den Zusammenhalt unserer Gruppe zu sichern und darüber hinaus in Arbeiterkreisen so gut wie möglich Aufklärung über die Nazipolitik zu schaffen. Dies war unter den jetzt gegebenen Umständen nicht leicht. Die Nazis verhafteten ohne Grund viele Funktionäre der Arbeiterbewegung und brachten sie in Konzentrationslager, wie Heuberg, Kuhberg, Welzheim und Dachau. Dort wurden sie gedemütigt, gefoltert und nicht wenige umgebracht. Diese Vorgänge blieben nicht geheim; sie drangen auch in die Öffentlichkeit und verbreiteten Angst und Schrecken. »Halt Deinen Mund, sonst kommst Du nach Dachau«, war eine ständige Warnung dieser Zeit. Durch laufende Informationen, Zwiegespräche mit den einzelnen Gruppenmitgliedern, die überwiegend dem DMV angehörten, gelang es uns, dieselben zusammenzuhalten. Es war wichtig, dem Einzelnen zu zeigen, daß er nicht allein war mit seiner Gegnerschaft zu den Nazis, daß andere genauso wie er über die Vorgänge im 3.Reich dachten.

Um diese Informationen zu verfassen, haben wir eigene Erkenntnisse und Erfahrungen in der Nazipolitik aus den Betrieben verwertet. Mitunter konnte man aus Zeitungen zwischen den Zeilen manches interessante entnehmen, und nicht zuletzt konnte man aus Fremdsendungen wertvolle Erkenntnisse gewinnen; letzteres war besonders gefährlich.

Da unsere führenden Funktionäre besonders gefährdet waren, mußten diese in die Emigration gehen. Der damalige Oberbürgermeister von Straßburg, Huber, war auch ein KPO-Mann. So ergab es sich von selbst, daß August Thalheimer und Heinrich Brandler, die beiden führenden Funktionäre der KPO, nach Straßburg flüchteten. In der Schweiz hatten wir auch einen Stützpunkt. In Schaffhausen war Walter Bringolf Bürgermeister, der ebenfalls der KPO angehörte. Frankreich und die Schweiz waren für gefährdete Funktionäre der KPO geeignete Anlaufstellen; u.a. war auch mein zu früh gestorbener Freund und Kampfgefährte Willi Bleicher einige Zeit dort. Von den führenden Emigranten erhielten wir getarntes Material zur Verteilung an unsere Mitglieder. Darin wurden allgemeinpolitische Probleme behandelt. Die speziellen regionalen Ereignisse und Entwicklungen brachten wir selbst auf Papier und vervielfältigten dieses Material.

Man schreibt das jetzt so leicht hin; aber damals war es mit großen Schwierigkeiten verbunden. Zunächst mußte es auf der Schreibmaschine geschrieben werden. Das besorgte Heinrich Krathwohl, der von Beruf Kaufmann und arbeitslos war. Er besaß eine Schreibmaschine. Für ihn war es aber gefährlich, mit der Schreibmaschine zu schreiben. Das Geräusch hätten die Nachbarn gehört und sich gefragt, was hat ein arbeitsloser Kaufmann zu schreiben? Außerdem wäre der damals übliche Hauswart aufmerksam geworden. Dieses Problem wurde gelöst, indem wir einen großen Kasten aus Sperrholz über die Schreibmaschine stülpten, der innen mit einem dicken Tuch ausgeschlagen war. Für die Tastatur wurde ein mit Glas verschlossener Ausschnitt gemacht. Damit zum Schreiben die Hände in den Kasten gesteckt werden konnten, haben wir an das dicke Tuch aus demselben Material Manschetten angebracht. Es versteht sich von selbst, daß wir die Maschine auf eine dicke Unterlage stellten, um keine Schwingungen zu erzeugen. Jetzt konnte die Maschine ohne Lärm bedient werden.

Das nächste Problem war, die uns illegal gelieferten Fototexte sowie eigene Texte zu kopieren. Dazu benötigten wir ein geeignetes Kopiergerät, das wir selbst herstellten nach den Anweisungen eines fachkundigen Naturfreundes der Fotosektion. Von der Jugendgruppe der KPO erklärte sich der junge Genosse Willi Rühle bereit, die Kopien herzustellen.

Jetzt ging es um die Verteilung des Materials an die Mitglieder. Dazu wurden Fünfergruppen gebildet; ein Mitglied übernahm die Führung und Verteilung an die übrigen 4 Mitglieder. Die Fünfergruppen wurden von der örtlichen Leitung versorgt; dabei achteten wir darauf, daß die Überbringer den Empfänger nicht kannten. Es wurde lediglich der Ort und Zeitpunkt sowie ein Kennzeichen mitgeteilt. Diese Methode hat sich gut bewährt, was sich nach unserer Verhaftung gezeigt hat. Willi Weller und meine damalige Braut, heute meine Frau, hatten wiederholt Material in die verschiedensten Stadtteile gebracht, ohne die Leute zu kennen, denen sie das Material übergaben. Während meiner Untersuchungshaft war ich froh zu wissen, daß die beiden Genossen, selbst wenn sie schwach geworden wären, niemand der Gestapo würden preisgeben können. Im Laufe der Zeit wurde illegales Material häufig in Kleinformat hergestellt, das nur mit dem Vergrößerungsglas gelesen werden konnte. Dies diente der Sicherheit.

Eines Tages um die Mittagszeit fuhr ich mit der Straßenbahn zum Mittagessen die Rotebühlstrasse aufwärts. Als ich an der Strassenbahnkreuzung Schwabstrasse ankam, damals schon ein wichtiger Knotenpunkt im westlichen Stadtteil, mußten alle Fahrgäste aussteigen und sich einer Kontrolle durch die SA unterziehen, die den ganzen Kreuzungsbereich abgesperrt hatte. Bei dieser Kontrolle wurde der Körper abgetastet, mußten Mappen, Taschen u.a. geöffnet werden. Ich selbst hatte ein Päckchen illegales Material in Kleinformat bei mir. Als ich den Vorgang sah, wußte ich, daß ich das Päckchen vor dem Aussteigen loswerden mußte. Zum Glück stand ich auf dem Vorderperron des Anhängers, das war üblicherweise immer mein Platz, an der Stelle, wo das Kästlein für abgelaufene Fahrscheine hing. Schnell stopfte ich mein Päckchen unbemerkt hinein und stieg aus. So kam ich unangefochten durch die Kontrolle. Diese Einzelheiten habe ich geschildert, um zu zeigen, mit welchen oft unvorhersehbaren Schwierigkeiten wir damals zu kämpfen hatten.

4. Illegale Arbeit im In- und Ausland

Bis jetzt habe ich die illegale Arbeit an der Basis der Organisation geschildert. Die Tätigkeit der örtlichen Leitung war nicht weniger schwierig. Neben den notwendigen Organisationsarbeiten mußten die wirtschaftlichen und politischen Vorgänge beobachtet und bewertet werden. Die Genossen im Ausland wollten auch Berichte haben über die Geschehnisse in Deutschland. Aus den Berichten, die sie von den zahlreichen illegalen Organisationseinheiten des ganzen Reiches bekamen, wurde dann ein Gesamtüberblick hinsichtlich der Vorgänge im 3.Reich. Für unseren Bereich war günstig, daß ich in Straßburg auf Montage war und öfter übers Wochenende nach Stuttgart kam. Dabei konnte ich illegales Material hin- und hertransportieren. An manchem Sonntagmorgen wollte August Thalheimer in Straßburg von mir wissen, wie die Stimmung der Bevölkerung, insbesondere der Arbeiter, wäre. Nach Informationen, die ich zu Hause von unseren Funktionären, die in verschiedenen Betrieben im Stuttgarter Raum beschäftigt waren, erhielt, konnte ich ihm keine erfreulichen Berichte geben. Der Druck der Nazis, nicht nur in den Betrieben, auch im Wohngebiet und im allgemeinen öffentlichen Leben, war stark. Dementsprechend war die Angst groß. Bei Unterhaltungen mit Kollegen und Bekannten mußte man vorsichtig zu Werke gehen, um zu merken, mit wem man es zu tun hatte.

Da mein Reisepass im Juli 1933 abgelaufen war, wurde mir ein neuer Pass wegen politischer Unzuverlässigkeit abgelehnt, obwohl gegen mich, außer meiner politischen Vergangenheit in der Weimarer Zeit, nichts konkretes vorlag. Nach längerem Bemühen meiner Firma, insbesondere des Betriebszellenobmannes, wurde mir ein neuer Pass ausgehändigt, nachdem ich einen Revers unterschrieben hatte, daß ich nichts gegen das 3.Reich unternehmen werde. Gegen diese Unterschrift hatte ich keine Bedenken, denn den Nazis gegenüber war mir jedes Mittel recht.

Nicht nur die Verbindung zum Ausland mußte von der örtlichen Leitung aufrecht erhalten werden; genauso wichtig war es, die Fäden am Ort und zu den Gruppen im größeren Bereich unseres Landes nicht abreißen zu lassen. Wenn ein Kontakt unterbrochen wurde, war für uns der kleine Zigarrenladen unseres altbewährten Genossen Wilhelm

Schwab in der Innenstadt eine günstige Anlaufstelle, um den Faden wieder aufzunehmen. Größere Zusammenkünfte in Lokalen waren nicht möglich. Wir trafen uns aber mit auswärtigen Gruppen bei Wanderungen. Bei solchen Gelegenheiten wurde Material verteilt, Beiträge kassiert, Informationen ausgetauscht. Einmal haben wir eine größere Konferenz durchgeführt, an der etwa 20 - 25 Funktionäre teilnahmen. Sie fand auf einer Lichtung im Walde statt. Der Anmarsch durfte nur in kleinen Gruppen erfolgen, ebenfalls der Abmarsch. Nach allen Seiten wurden Posten aufgestellt, um nicht überrascht zu werden. Der damalige Genosse Kuno Brandel (nach 1945 bis 1962 Chefredakteur der Metallzeitung) gab einen Bericht zur Lage, dem eine umfangreiche Diskussion folgte, eine gute Konferenz, ohne Zwischenfälle.

Die illegale Arbeit lief unter den gegebenen Verhältnissen zunächst nicht schlecht. Aber mit der Zeit gab es auch in unseren Kreisen Verhaftungen. Im Januar 1934 wurde der Genosse Albrecht verhaftet und zu einer längeren Gefängnisstrafe verurteilt. Der Genosse Kuno Brandel wurde von der Gestapo gesucht. Er konnte untertauchen und nach einiger Zeit nach Frankreich flüchten. Unterdessen kam der Genosse Willi Bleicher aus der Schweizer Emigration zurück. Mit einem weiteren Genossen traf ich mich mit Willi Bleicher zu einer Aussprache. Er berichtete uns, wie schwer das Leben in der Emigration für einen einfachen Funktionär wäre; er war damals noch nicht so bekannt wie heute. Diese Tatsache konnte ich selbst bei den emigrierten Genossen in Straßburg feststellen. Nach einiger Zeit ging Willi Bleicher nach Frankreich, weil er in Deutschland illegal leben mußte. Aber bald trieb es ihn wieder zurück nach Stuttgart. Hier versuchte er, mit sozialdemokratischen Kollegen Kontakt aufzunehmen, um eventuell gemeinsame illegale Arbeit zu leisten. Einige Zeit gelang dies. Anfang 1935 wurde er auf Grund einer Denunziation verhaftet und zu einer Gefängnisstrafe verurteilt. Anschließend kam er 1938 ins KZ Buchenwald.

Bei dieser Gelegenheit möchte ich erwähnen, daß mir die emigrierten Genossen in Straßburg noch vor der Verhaftung Bleichers mitteilten, bei ihm würde eine Spitzeltätigkeit vermutet, was ich nicht glauben wollte. Da diese Information aus Stuttgart stammen mußte, erkundigte ich mich bei dem Genossen E. Körner über die Quelle. Letzterer erzählte mir folgendes: die Freundin von W. Bleicher, die im Büro der Ortsverwaltung Stuttgart des DMV auch noch nach der Machtübernahme der Nazis beschäftigt war, sei mit dem Nazi-Leiter dieser Gewerkschaft Skifahren gegangen. Die enge Bindung Bleichers zu dieser Frau lasse es geraten erscheinen, ihm gegenüber zurückhaltend zu sein. Diese Vorsichtsmaßnahme war nicht notwendig; denn W. Bleicher hatte wegen obigem Vorgang seine Beziehungen zu ihr abgebrochen, und sein späteres Verhalten widerlegte die obige Vermutung eindeutig.

In der jetzt entstandenen Situation mußte ich einspringen und gemeinsam mit dem Genossen Ernst Körner (nach 1945 zweiter Bevollmächtigter der IG Metall, Ortsverwaltung Stuttgart) versuchen, die illegale Arbeit unserer Organisation fortzusetzen. Dies war angesichts meiner Montagetätigkeit außerordentlich schwierig, da ich sehr häufig ortsabwesend war. In dieser Lage wandte ich mich an die illegale Reichsleitung der KPO in Berlin, die den mir damals noch unbekannten Genossen Robert Siewert nach Stuttgart schickte. Mit ihm besprach ich die Lage in unserem Bereich und wies darauf hin, daß wir einen fähigen Genossen haben sollten, der sich ganz der illegalen Arbeit widmen könnte. Genosse Siewert sagte mir zu, einen geeigneten Genossen zu schicken. Wir müßten dann für eine illegale Unterkunft und seinen bescheidenen Lebensunterhalt sorgen.

Nach kurzer Zeit kam dann der thüringische Genosse Hermann Scheler nach Stuttgart. Er lebte bereits unter falschem Namen, weil er auch in Thüringen von der Gestapo gesucht wurde. Er war ein junger intelligenter Genosse (nach 1945 wurde er in der DDR Professor), der sich zwangsläufig eine sehr bescheidene Lebensweise zumutete. Die Hauptsorge war jetzt, wie und wo sollten wir ihn illegal unterbringen. Die ersten Tage wohnte er zwar bei mir, aber dies ging auf die Dauer nicht. Ich selbst wurde bereits beschattet. So mußte er einige Tage bei dem einen, dann wieder bei einem anderen Genossen unterkommen. Nur wenige waren bereit, einen Illegalen aufzunehmen, das Risiko war zu groß.

Einem Familienvater konnte man das auch nicht zumuten; bei Entdeckung wäre die Familie kaputtgegangen. Unter diesen Umständen überlegten wir uns, ob wir ihn nicht legal unter einem falschen Namen beim Einwohnermeldeamt anmelden sollten. Dazu benötigte er aber eine Abmeldung von seinem vorherigen Wohnort. Wir beschafften uns ein entsprechendes Formular. Ein Graveur aus unseren Reihen fertigte einen Stempel; jetzt konnte sich der Genosse Scheler ordnungsgemäß anmelden und ein gemietetes Zimmer beziehen. Aus Sicherheitsgründen mußte er mit dem Einziehen zwei Wochen warten, um zu sehen, ob die Polizei eventuell reagierte. Es geschah nichts. Jetzt konnten wir annehmen, daß es mit der Unterkunft klappte und wir diese Sorge los waren. Es verblieb uns noch die Sorge um die Beschaffung der notwendigen Geldmittel für seinen Lebensunterhalt; aber durch angestrengte Tätigkeit der Funktionäre und Mitglieder, durch Idealismus und Solidarität gelang uns auch dies.

5. Reichstagsbrand - Reichstagswahl

Ende Februar 1933, als ich in Straßburg in meinem Stammlokal beim Mittagessen saß, brachte mir die Bedienung eine Zeitung und sagte: »Die Nazis haben in Berlin den Reichstag angezündet«. Ich war überrascht, mit welcher Selbstverständlichkeit sie die Nazis beschuldigte. Aber im Ausland hatte man schnell begriffen, daß es den Nazis darum ging, gegen Links ein Fanal zu setzen. Sofort wurden Kommunisten als die Brandstifter erklärt, Torgler als Mitglied der Zentrale der KPD wurde verhaftet, ebenso der Bulgare Dimitroff und einige andere. Dimitroff hat später durch seine unerschrockene Haltung im Prozess selbst dem Reichsmarschall Göring schwer zu schaffen gemacht; schließlich mußte er freigelassen werden.

Der Reichstagsbrand war für die Nazis die Rechtfertigung zur noch schärferen Verfolgung der Kommunisten. Da für den 5.März 1933 Reichtagswahlen angesetzt waren, wurden viele Kommunisten verhaftet und in Konzentrationslager gesteckt. Die KPD war völlig ausgeschaltet. Vor der Reichstagswahl wurde die Metallarbeiterzeitung bis zum 15.März 1933 verboten. Um ein günstiges Wahlergebnis für die Nazis zu erreichen, wurden nicht nur diese Maßnahmen ergriffen; darüber hinaus hatten sie auch noch die Wahlergebnisse gefälscht. Ein Beispiel: In unserem Wahllokal hatten meine Eltern, meine Schwester und ich abgestimmt, keiner von uns hatte die Nazis gewählt. Ebenfalls hatten mein Genosse Heinrich Krathwohl und ein alter sozialdemokratischer Sportfunktionär mit seiner Frau im selben Wahllokal abgestimmt und keiner hatte die Nazis gewählt. Trotzdem kamen nur 2 Gegenstimmen heraus, ein offensichtlicher Wahlbetrug. Dies war kein Einzelfall. Wir bekamen zahlreiche Berichte von ähnlichen Vorgängen.

Nicht nur Reichstagsbrand und Reichstagswahl gaben uns reichlich Stoff für unsere Informationen. Am 24.März 1933 wurde das berüchtigte Ermächtigungsgesetz mit Zustimmung aller bürgerlichen Parteien beschlossen. Nur die SPD stimmte dagegen, die KPD war bereits verboten. Dieses Gesetz gab den Nazis die Möglichkeit, alle Organisationen auszuschalten, die nicht in ihren Kram paßten. Was nicht ausgeschaltet wurde, schalteten die Nazis gleich, d.h. sie setzten ihre Leute an die Spitze solcher Institutionen oder Einrichtungen. Im Mai 1933 wurden die Gewerkschaften zerschlagen, an ihre Stelle trat die Deutsche Arbeitsfront. In dieser Organisation wurden Arbeiter und Unternehmer zusammengeschlossen. Die »Volksgemeinschaft« wurde ausgerufen. Es galt das Führerprinzip, der Unternehmer als Wirtschaftsführer spielte dabei die erste Geige. Statt Betriebsräten sollten jetzt Vertrauensräte in Betrieben gewählt werden. Über diese Wahlen gab es in illegalen Gewerkschaftskreisen und in den politischen Gruppierungen große Verwirrung.

Während die einen die Meinung vertraten, man solle sich aktiv an diesen Wahlen beteiligen und gute Kollegen (keine Nazis) zur Wahl vorschlagen, damit sie gegebenenfalls im Interesse der Arbeiter und nicht der Unternehmer wirken könnten, lehnten wir als KPO diesen Weg ab, weil es eine Illusion war, zu glauben, die Nazis würden das hinnehmen. Der weitere Verlauf bestätigte unsere Auffassung. Die Nazis schafften die Wahlen ab und setzten ihre Leute ein. Ähnlich verfuhren sie hinsichtlich der Regelungen der Arbeitsbedingungen. Es gab keine Verhandlungen mehr über die Löhne und sonstige Arbeitsbedingungen. Dafür waren jetzt die von den Nazis eingesetzten Treuhänder der Arbeit zuständig; sie erledigten alles im Sinne der Naziregierung.

6. Röhmputsch

Nicht alles ging so reibungslos über die Bühne. Am 30. Juni 1934 befand ich mich in Straßburg; dort las ich in der Zeitung, daß Ernst Röhm, damals der oberste Führer der SA, verhaftet worden sei, ebenfalls weitere SA-Leute. Es wurde ihnen Päderastie zur Last gelegt; ohne Gerichtsverhandlung wurden sie erschossen. Das KZ Dachau war der Mittelpunkt dieser Hinrichtungen. Dabei wurden auch Kommunisten erschossen -«im Zuge der Reinigungsaktion», wurde den Angehörigen mitgeteilt. In Wirklichkeit ging es bei den SA-Leuten gar nicht um Päderastie; dies war nur ein Vorwand. Es ging in erster Linie um die Herrschaft über die Reichswehr, nach der Röhm trachtete, der aber bei der konservativen Generalität keine Gegenliebe fand. Auch Hitler war nicht bereit, der SA Einfluß auf das Militär zu gewähren; deshalb das brutale Durchgreifen gegen die SA. Hinzu kam, daß viele SA-Leute von dem «nationalen Sozialismus» etwas anderes erwartet hatten, als das, was sich tatsächlich in der Wirtschaft abspielte. Sie waren enttäuscht, daß sie jetzt mehr und mehr in den Betrieben und Verwaltungen zurückgedrängt wurden und immer weniger zu sagen hatten, während die »Wirtschaftsführer« (Unternehmer) in den Betrieben bestimmten. In der SA war das Arbeiterelement stärker vertreten als in den übrigen Naziorganisationen. Diese Arbeiter waren auf die Sprüche der Nazis hereingefallen; sie glaubten an einen nationalen Sozialismus trotz der Warnungen der Arbeiterorganisationen.

Diese Vorgänge riefen eine große Spannung hervor; die Nazis befürchteten ein Aufmucken der SA. Es handelte sich bei ihr immerhin um eine Massenorganisation. Um jede Widerstandsaktion schon im Keime zu ersticken, wurden die führenden Leute der SA sofort erschossen. Jetzt hatten die Nazis freie Hand; jetzt konnten sie ihre Politik noch brutaler durchsetzen als bisher. Diese Spannung in der Luft spürte ich, als ich in dieser Nacht nach Stuttgart heimfuhr. Die Paß- und Zollkontrolle wurde gründlicher als sonst durchgeführt. In meinem Abteil saß außer mir noch ein Tscheche, der in seine Heimat zurückreiste. Er hatte einen grossen Sack mit seinen Habseligkeiten bei sich. Damals bestand ein Vertrag zwischen Frankreich und der Tschechoslowakei; daher arbeiteten viele Tschechen in Frankreich. Es war also nichts besonderes, wenn Tschechen hin- und herreisten, das habe ich öfter erlebt. Als der Zug in Kehl hielt, kamen zuerst die französischen Grenzbeamten zur Kontrolle. Bei dem Tschechen zweifelten sie ein wenig, ließen ihn aber passieren. Anschließend kontrollierten die deutschen Grenzbeamten, sie nahmen es genauer. Nach einigen Fragen forderten sie den Tschechen auf, mit seinem Sack auszusteigen und mitzukommen. Auf dem Bahnsteig warf der Tscheche einen Revolver unter den Zug, um ihn verschwinden zu lassen. Ein Bahnarbeiter hatte dies bemerkt und den Grenzbeamten gemeldet. Auf Grund dieses Vorgangs kamen sie noch einmal in mein Abteil zurück und suchten nach der Munition. Diese fanden sie dann im Aschenbecher versteckt. Neugierig geworden, fragte ich die Beamten - wir kannten uns vom Sehen, - wieso sie auf diesen Tschechen gekommen seien. Sie sagten, die Franzosen hätten ihnen signalisiert, daß in diesem Zug ein Kommunist sei. Dies war für mich eine Warnung, auch bei den Franzosen vorsichtig zu sein.

7. Aufrüstung

Nach Beendigung der Montagearbeiten in Straßburg Mitte 1933 wurde ich wieder im Reichsgebiet eingesetzt. Damals war Kurzarbeit allgemein stark verbreitet; auch ich wurde davon betroffen. Aber in den folgenden Monaten bemerkte man deutlich eine Belebung der Wirtschaftstätigkeit. Wir bekamen immer mehr Berichte von unseren Genossen aus den Betrieben, daß dort vorwiegend Aufträge für militärische Zwecke erledigt würden. So wurde auch ich vom Montageleiter informiert, daß ich demnächst eine Montage in Berlin ausführen sollte. Daraus wurde aber nichts. Nach einiger Zeit teilte mir der Montageleiter mit, daß inzwischen ein anderer Kollege dorthin entsandt worden sei. Von höherer Stelle außerhalb des Betriebes sei verlangt worden, daß nur ein politisch zuverlässiger Monteur diese Montage ausführen dürfe. Später erfuhr ich von diesem Kollegen, daß es sich um eine Montage auf dem Flugplatz Berlin-Adlershof gehandelt hatte. Die Nazis wollten damals ihre Aufrüstung noch so geheim wie möglich vollziehen. Trotzdem war dies im Ausland bekannt.

Eines Tages mußte ich zum Firmenchef kommen. Er eröffnete mir, daß ich eine Montage in einem großen Aluminiumwerk in der Lausitz ausführen sollte. Er meinte, dort ginge es nationalsozialistisch zu, deshalb bitte er mich, möglichst nicht aufzufallen und mit dem Hitlergruß zu grüßen. Er wisse, daß mir dies schwerfallen würde, da ich nie mit Heil Hitler gegrüßt hätte. Aber im Interesse der Firma sei es notwendig. Meine Antwort war, daß ich beide Arme hochheben könnte, wenn Heuchler erwünscht wären. Im übrigen versicherte ich ihm, daß er sich aus diesem Grunde keine Sorgen zu machen brauchte. Im Aluminiumwerk angekommen, meldete ich mich beim dortigen Direktor und grüßte mit «Guten Tag». Er erwiderte auf dieselbe Weise. Damit wurde mir klar, daß man dort auch ohne Hitlergruß zurecht kam. Bei der Montage mußte ich einige Änderungen vornehmen. Dazu benötigte ich ein Drehteil. Dieses konnte ich in der Betriebsschlosserei fertigen lassen. Ich ging mit meiner Skizze zu dem Dreher, sagte: «Kollege, Verzeihung Volksgenosse», und er sagte darauf: «Zu mir kannste ruhig Kollege sagen, wie früher auch». Da war mir klar, daß er kein Nazi war. Am Abend saßen wir bei ihm zu Hause und diskutierten die Probleme. Wieder hatte es sich gezeigt, wie schwierig illegale Arbeit war, wenn Verbindungen abgerissen waren und keiner vom anderen wußte, welcher Gesinnung er war. Bei dieser Unterhaltung berichtete mir der Kollege, daß dieses Werk seit Hitlers Machtübernahme großen Auftrieb bekommen habe, denn Aluminium war ein wichtiger Rohstoff für den Flugzeugbau, der außerordentlich forciert wurde. Dieses Rüstungstempo wurde noch gesteigert; dies konnte ich der Tatsache entnehmen, daß während meiner Untersuchungshaft der Sohn des Firmenchefs einen geschäftlichen Besuch bei mir machen durfte, um von mir zu erfahren, welche Änderungen ich an den Montageteilen vorgenommen hatte. Die Firma wollte diese bei den umfangreichen Nachbestellungen berücksichtigen.

Nicht immer konnte man ohne Hitlergruß leicht zurechtkommen. Noch vor dem Röhmputsch hatte ich, wie schon öfter, in Freiburg zu tun. Dort verkehrte ich immer im selben Lokal, wo ich auch übernachten konnte. Eines Abends saß ich dort; an meinem Tisch saß ein Mann, dem Dialekt nach aus der Frankfurter Gegend. An einem Tisch neben der Theke saßen ein Dutzend SA-Leute in ihren braunen Uniformen. An diesem Abend wurde im Radio eine Hitlerrede aus besonderem Anlaß angekündigt. Nach der Rede wurde das Deutschlandlied gespielt. Die SA-Leute standen auf, erhoben den Arm zum Hitlergruß und sangen mit. Mein Tischnachbar und ich standen ebenfalls auf, er hob den Arm, ich nicht. Dann sagte er zu mir: «Die Flosse muß man eben hochtun», was mich aber nicht dazu veranlaßte, dasselbe zu tun. Jetzt sahen die SA-Leute drohend zu mir herüber. Ich rechnete damit, daß sie auf mich zugehen würden, um mich mit Gewalt zum Hitlergruß zu zwingen. Dies geschah aber nicht. Nach diesem Vorgang ging ich zur Theke, um meinen Zimmerschlüssel zu holen. Der Wirt folgte mir nach und sagte im Hausgang, die SA-Leute hätten auf mich losgehen wollen, aber er habe sie abhalten können, weil er mich gut kenne. Es war nicht immer leicht, den Hitlergruß zu verweigern; an einem Betriebsappell konnte es für den einzelnen die Entlassung bedeuten.

8. Verhaftung

Nachdem Scheler die illegale politische Arbeit übernommen hatte und Körner für den organisatorischen Bereich zuständig war, konnte ich von der illegalen Arbeit etwas entlastet werden. Dies war auch notwendig, denn durch das stärkere Anlaufen der Wirtschaft wurde ich beruflich mehr in Anspruch genommen als vorher. Dafür wurden aber meine Braut und meine Mutter öfter zu Besorgungen und sonstigen Übermittlungen herangezogen, denn einige Fäden liefen nach wie vor in unserer Wohnung zusammen. Die illegale Arbeit hatte sich eingespielt, nachdem vielerlei Erfahrungen von uns gesammelt wurden und der Apparat einigermaßen lief. Um so überraschter war ich, als am Nachmittag des 21.Dezember 1934 zwei Kriminalbeamte mich in Freiburg auf der Montagestelle in Haft nahmen und im dortigen Polizeigefängnis einlieferten. Sie erklärten, daß sie im Auftrag der Stuttgarter Gestapo handelten und ich am nächsten Tag nach Stuttgart geholt würde. In dieser Nacht machte ich mir verständlicherweise Gedanken, was wohl die Ursache dieser Maßnahme sein könne. Eines war mir klar, dieser Vorgang hing mit der illegalen Arbeit zusammen; aber wo könnte die undichte Stelle sein?

Am nächsten Morgen kamen drei SS-Leute, damals noch in schwarzen Uniformen, mit einem PKW und holten mich ab nach Stuttgart. «Bei einem Fluchtversuch wird scharf geschossen», sagten sie mir und fuhren im hundert-km-Tempo los. In Stuttgart ging es ins Polizeigefängnis in der Büchsenstraße (Büchsenschmiere). Dort wurde ich sofort von einem Gestapobeamten verhört. Dabei konnte ich feststellen, daß in Stuttgart durch Leichtsinn oder Unvorsichtigkeit etwas schief gegangen war; denn Scheler wurde als erster verhaftet, vermutlich im Zusammenhang mit seinen Beziehungen zu Thüringen und zu unserer Wohnung. Zur gleichen Zeit wurde auch meine Mutter verhaftet und an Weihnachten, genau am 25.Dezember 1934, hat die Gestapo auch meine Braut geholt. Einige Tage später wurden Rühle und Krathwohl verhaftet. Nach meinen Vorstellungen war dies zuviel. Ich ging davon aus, bei der Gestapo keinen Namen zu nennen, auch unter schwierigsten Bedingungen dicht zu halten. Von Anfang an habe ich meine Aussagen so aufgebaut, daß ich möglichst keine wesentlichen Korrekturen darin vornehmen mußte. Vor allem bestimmt und sicher auftreten war wichtig. Des öfteren wurde mir erklärt, wenn ich dieses oder jenes sagen würde, könnten meine Mutter und meine Braut entlassen werden. Daß dies Unsinn war, wußte ich genau. Trotzdem habe ich mit diesem Argument gearbeitet. Wenn die Gestapo etwas Bestimmtes wissen wollte, habe ich allemal auf die große seelische Belastung hingewiesen, welche die Verhaftung von Mutter und Braut durch meine Schuld für mich bedeuten würde; deshalb würde ich die gewünschte Auskunft gerne geben, um die beiden freizubekommen, wenn ich nur diesen oder jenen Vorgang wüßte.

So haben wir drei Wochen in der Büchsenschmiere, diesem mittelalterlichen Polizeigefängnis mit den widerlichen Abortkübeln und den unzähligen Wanzen, zusammen mit Kriminellen, mit Prostituierten und Zuhältern verbracht. Als am 10. Januar 1935 der richterliche Haftbefehl erlassen wurde, kamen wir Männer in das Gerichtsgefängnis in der Archivstraße (langer Bau), meine Braut kam ins Frauengefängnis in der Weimarstraße; meine Mutter wurde entlassen, aber Mitte Juli 1935 erneut verhaftet. Von jetzt an fanden die Verhöre nicht mehr im Polizeigefängnis , sondern im berüchtigten Hotel Silber, dem Sitz der Gestapo, statt. Die Unterbringung und Verpflegung war im langen Bau etwas besser als im Polizeigefängnis; vor allem gab es dort Wasserklosetts und täglich 1/2 Stunde Hofgang. Letzterer fand auf einer kleinen Fläche im Freien statt, auf der etwa 15 - 20 Mann Platz hatten. Beim Hofgang führten zwei Beamte die Aufsicht; deshalb konnten die Gefangenen nur heimlich miteinander reden. Sie waren alle Untersuchungsgefangene, aber von verschiedenen Prozessen. Trotzdem wurden mitunter wichtige Mitteilungen ausgetauscht, so wenn ein Gefangener mit einem Genossen des eigenen Prozesses in der gleichen Zelle lag. Auch beim Baden gab es ähnliche Möglichkeiten.

Wichtige Informationen wurden insbesondere abends, wenn weniger Vollzugsbeamte anwesend waren, durch Klopfzeichen übermittelt. Wenn in einem Prozess einer schwach geworden war. oder gar ein Verräter festgestellt wurde, dann ging diese Information verhältnismäßig schnell durch den ganzen Bau, um alle zu warnen. Das Klopfzeichensystem war einfach, aber sehr langwierig. Das Alphabet wurde in 5 Zeilen eingeteilt, a bis e, f bis k, usw. Das erste Klopfen gabe die Zeile an, nach kurzer Pause das zweite Klopfen die Stelle des Buchstabens innerhalb der Zeile. Nach kurzer Zeit hatte man so viel Routine, daß die Klopfzeichen schnell verstanden wurden. So bekam ich manche nützliche Information und konnte an andere wichtige Informationen weitergeben.

Eines Tages mußte ich zum Anstaltsdirektor kommen, einem Beamten aus der Weimarer Zeit. Er eröffnete mir, daß ich wegen meiner Nachrichtenübermittlung ab sofort in das Gefängnis in Cannstatt verlegt würde. Dort fanden wir auch bald Mittel und Wege, uns gegenseitig

seitig zu informieren. Not macht erfinderisch, sagt man, das galt auch hier. In Cannstatt waren die Wände sehr dünn. Ich versuchte, ein kleines Loch in die Wand zu bohren. Dazu verwendete ich einen Bügel meines Hosenträgers. An der Nahtstelle dieses Bügels war das eine Ende spitz, das andere gegspalten, so gingen die Enden ineinander. Zu meinem Zwecke benützte ich das gespaltene Ende, das ich noch ein wenig auseinanderbog, um besser bohren zu können. Das spitze Ende bog ich im Winkel, um leichter drehen zu können. Beim Bohren merkte ich, daß das Material verhältnismäßig weich war; so kam ich schnell voran. Aber die Tiefe reichte noch nicht. Aus diesem Grunde gab ich beim Hofgang dem Kameraden der Nachbarzelle, auch ein politischer Häftling in einem anderen Prozeß, mein Bohrgerät und veranlaßte ihn, von seiner Seite aus auch zu bohren. Damit er an der richtigen Stelle bohrte, gab ich ihm an, wieviel Hausordnungen von unten und von der Seite genommen werden müssen, um möglichst genau zusammenzutreffen. Die Hausordnung hing in jeder Zelle, sie war für uns der Maßstab. So gelang unser Werk ganz gut. Jetzt konnten wir uns bequem und auf einfache Weise unterhalten. Wir mußten nur mit den Händen eine Art Schalltrichter bilden, um leichter sprechen und hören zu können. Abends kratzten wir dann ein wenig von dem einfachen Putz ab und schmierten ihn mit Spucke über das kleine Loch, damit der Wachtmeister bei der morgendlichen Zellenkontrolle nichts merkte.

Wie schon erwähnt, wurden wir zu den Verhören mit der "grünen Minna" ins Hotel Silber gefahren. Öfter wurde ich schon früh geholt und dort im Keller in eine Zelle gesperrt, die überheizt war. Es gab nichts zu essen und vor allem nichts zu trinken, trotz der Hitze; eine Sitzgelegenheit gab es auch nicht. Diese Tortur dauerte von morgens 8 oder 9 bis frühestens nachmittags 4 Uhr. Dabei bekam man zwangsläufig starke Kopfschmerzen. Hinzu kam die Nervenbelastung; man wußte nie, mit welchen Fragen die Gestapo aufwarten würde. Dies war eine beabsichtigte Folter besonderer Art. Nachdem wir Vernehmungen bei vier verschiedenen Gestapobeamten hinter uns gebracht hatten, übernahm der Gestapomann Keller unseren Fall.

Wie ich später im Zuchthaus von Genossen erfahren habe, sollte Keller vor 1933 Polizeibeamter im Osten von Stuttgart gewesen sein und den Spitznamen "Eins-Zwei-Drei" getragen haben. Bei den Vernehmungen hatte Keller, im Gegensatz zu anderen Gestapoleuten, keine Sekretärin zum Schreiben des Vernehmungsprotokolls dabei. Ich mußte bei ihm auch nie ein Protokoll unterschreiben, wie es allgemein üblich war. Zu Beginn der Vernehmung zog er seine Schreibtischschublade heraus, damit ich den dort liegenden Revolver sehen konnte. Ich saß auf der gleichen Seite des Schreibtisches wie er; denn der Schreibtisch stand an der

Wand. Dann nahm er eine Stahlrute heraus, legte sie vor sich hin. Diese Stahlrute steckte in einer etwa 20 cm langen braunen Lederhülle . Wenn er zuschlug, sprang die Stahlfeder, an deren Spitze sich eine Stahlkugel befand, heraus. Immer wenn eine Antwort nicht so ausfiel, wie er es sich wünschte, schlug er mich mit der Stahlrute. Er wollte mich mit dieser Methode weichschlagen; genau das Gegenteil erreichte er aber. Ich spürte immer deutlicher, daß mein Widerstand entschlossener wurde, ihm nichts zu sagen, was ich nicht sagen durfte, um nicht andere zu belasten.

Einigemale versuchte er, uns Angeklagte gegeneinander auszuspielen, indem er behauptete, ein Genosse habe etwas bestimmtes angegeben. Ich ging ihm nicht auf den Leim und verlangte jeweils eine Gegenüberstellung. Dabei stellte sich heraus, daß Keller eigenmächtig Angaben der Genossen so formulierte und verdrehte, daß das von ihm Gewünschte herauskam. Dagegen hatten wir uns energisch gewehrt; in der Folge fanden dann keine Gegenüberstellungen mehr statt.

Der Genosse Scheler war an diesen Vernehmungen nicht beteiligt; er wurde kurz nach unseren Verhaftungen in Stuttgart kommissarisch vernommen, wozu wir als Zeugen geladen waren. Anschließend wurde er nach Thüringen überstellt und zu 14 Jahren Zuchthaus verurteilt. Anfang Juli 1935 wurde der Genosse Ernst Körner verhaftet. Er war von Ende Januar bis Ende März 1935 in Schutzhaft gewesen. Durch diese Verhaftungen wurden die Vernehmungen wieder zahlreicher und auch schwieriger.

Endlich nach 1 1/2 Jahren Untersuchungshaft fand die Verhandlung vor dem Strafsenat des Oberlandesgerichts Stuttgart vom 23. bis 25.Juni 1936 statt. Am zweiten Verhandlungstag las der Vorsitzende dem Gericht laut Protokoll vor, daß ich eine Aussage gemacht hätte, die Körner stark belasten würde. Gegen diese angebliche Aussage protestierte ich sofort und widersprach derselben energisch. Darauf der Gerichtsvorsitzende:«Hier steht es doch». Erneut erwiderte ich, daß ich nie eine solche Aussage gemacht und auch kein solches Protokoll unterschrieben hätte. Außerdem wies ich darauf hin, daß Keller in der Frühe vor Verhandlungsbeginn mich aus dem Gerichtssaal geholt hatte und mich unter Druck setzen wollte, um diese Aussage zu erreichen. Nach diesem Intermezzo blätterte der Vorsitzende das Protokoll durch und stellte dann fest, daß keine Unterschrift vorhanden war. Diese Aussage wurde fallen gelassen. Die Richter saßen etwas betroffen da. Am 29.Juni 1936 wurden die Urteile verkündet. Sie lauteten:
wegen Vorbereitung zum Hochverrat Eugen Ochs 4 Jahre Zuchthaus,
Ernst Körner 3 Jahre 10 Monate Zuchthaus,
Wilhelm Rühle 3 Jahre 6 Monate Zuchthaus,

Heinrich Krathwohl 3 Jahre 4 Monate Zuchthaus.
Alle vier Angeklagten erhielten zusätzlich 3 Jahre Ehrverlust; außerdem wurde die Zulässigkeit von Polizeiaufsicht angeordnet. Wegen Beihilfe zum Hochverrat erhielten:
Johanna Semmler (meine Braut) 2 Jahre Gefängnis,
Willi Weller 2 Jahre Gefängnis,
Rosa Ochs (meine Mutter) Freispruch.
Bei allen Angeklagten wurde die Untersuchungshaft angerechnet.

9. Im Zuchthaus

Nachdem die Urteile gesprochen waren, begann die Strafhaft. Wir vier zu Zuchthaus Verurteilten wurden nach Ludwigsburg transportiert, je zwei Mann mit Handschellen zusammengeschlossen; meine Braut kam ins Frauengefängnis nach Gotteszell bei Schwäbisch Gmünd. In Ludwigsburg mußten wir die Zivilkleidung ablegen, die wir bisher getragen hatten. Wir bekamen Zuchthauskleidung, Hosen mit roten Streifen, wie Generalstäbler. Bei der Aufnahme in die Strafanstalt wurden wir genau untersucht, um eventuelle körperliche Mängel schriftlich festzuhalten, damit später keine Ansprüche an den Staat gestellt werden konnten.

Im Gegensatz zu den sonstigen politischen Urteilen wurde der Strafvollzug gemäß den gesetzlichen Bestimmungen von Beamten aus der Weimarer Zeit durchgeführt. Wir kamen alle in den Zellenbau in Einzelhaft. In der Zelle mußten wir die uns zugeteilte Arbeit verrichten. In der Untersuchungshaft war Arbeiten freiwillig, in der Strafhaft Zwang. So mußte ich anfangs Tüten kleben, wie die anderen auch. Dabei war kein bestimmtes Pensum vorgeschrieben, wie das in anderen Haftanstalten mitunter der Fall war, wie ich später von Kameraden erfahren habe. Diese Chance nützte ich und legte mir ein Buch zurecht, das ich mit viel Tüten umgeben hatte, damit der Wachtmeister nichts merkte, wenn er hereinschaute. Auf diese Weise konnte ich durch Lesen einen Ausgleich zu der monotonen Arbeit schaffen.

Im alten Zellenbau war lediglich ein WC; Waschwasser und Trinkwasser wurden von Kalfaktoren (Gefangene) in die Zellen gebracht. Das Essen wurde durch die Klappe in der Türe gereicht; es war den Umständen entsprechend befriedigend. Täglich wurden die Zellentüren geöffnet und die Gefangenen zum Hofgang geführt. Während dieser Zeit wurden dann die Zellen kontrolliert. Eines Tages kam der damalige Direktor Weissenrieder in die Zelle und erkundigte sich, ob alles in Ordnung sei, ob irgendwelche Beschwerden vorlägen. Dies war nicht der Fall; denn die Vollzugsbeamten, alles langjährige Beamte aus der Zeit vor Hitler, waren zu uns politischen Gefangenen anständig. Umgekehrt haben auch wir Politische ihnen keine Schwierigkeiten gemacht, wie das bei Kriminellen mitunter der Fall war.

Nach dem Tütenkleben bekam ich auch andere Arbeiten in die Zelle, wie Elastolin- und Zinnfiguren abgraten, aus Lederabfällen Lamellen stanzen und aus diesen Fußmatten herstellen. Dafür wurden wir bezahlt, damals sage und schreibe 4 Pfennig pro Tag, die gutgeschrieben wurden.

Nach kurzer Haftzeit mußte ich ins Besuchszimmer kommen. Dort stellte sich ein Justizbeamter vor. Er wollte von mir wissen, ob ich ein Vermögen besäße oder zu erwarten hätte. Es ging nämlich um die Bezahlung der Gerichtskosten. Da ich ein armer Mann war, konnte ich diese Frage mit gutem Gewissen verneinen. Zu dem Kommissar, der mich begleitete, sagte ich: «So glücklich war ich noch nie bezüglich meiner Armut». Nicht so leicht hatte es meine Braut in dieser Frage; da ihr Vater einen Garten hatte und sie mit ihrem Bruder als Erbin in Frage kam,sollte sie 1.800.-- Reichsmark für alle Angeklagten bezahlen, weil diese auch kein Vermögen hatten. Nach ihrer Entlassung Weihnachten 1936 konnte sie dann durch Inanspruchnahme der Gefangenenhilfe den ursprünglichen Betrag auf 600.-- Reichsmark herunterhandeln.

Ein Gestapobeamter, der in politischen Kreisen schon vor 1933 bekannt war, kam nach einiger Zeit als zweiter Besucher nach Ludwigsburg. Er wollte noch einiges von mir wissen, was die Jugendgruppe der KPO betraf. Darüber konnte ich ihm nichts sagen; er mußte unverrichteter Dinge wieder abziehen. Schließlich bekam ich noch eine Vorladung zu einer Verhandlung der deutschen Arbeitsfront wegen meines Ausschlusses aus dieser Organisation. Dazu wurde ich aber nicht überstellt; offensichtlich hat auch die Justiz die deutsche Arbeitsfront nicht so ernst genommen. Nach einiger Zeit wurde mir dann das Ergebnis dieses Verfahrens eröffnet; es lautete auf Ausschluß. Dieser Vorgang konnte bei mir mit dem besten Willen keine Trauer hervorrufen.

Außer diesen unangenehmen Besuchen gab es auch freundlichere. Vierteljährlich durften die Angehörigen einen Besuch machen. Zuerst kam meine Mutter, die nach der Verhandlung im Juli freigelassen wurde, und dann nach zweijähriger absoluter Trennung meine Braut. Bei diesen Besuchen war stets ein Beamter dabei, damit nichts geschmuggelt werden konnte und nicht unangebrachte Informationen ausgetauscht wurden. Dieser erste Besuch meiner Braut gab mir Gelegenheit, eine mich bedrängende Angelegenheit zu klären. Schon seit langer Zeit beschäftigte mich die Frage, ob es vertretbar sei, meine Braut bis zu meiner eventuellen Entlassung warten zu lassen. Ich war mir klar darüber, daß ich nach Verbüßung meiner Zuchthausstrafe nicht entlassen würde, sondern, wie andere Kameraden zuvor bei ähnlichen Delikten, auch ins KZ käme. Damit war der Begriff «Freiheit» in weite Ferne gerückt und dazu noch sehr unsicher. Unter diesen Umständen wollte ich meiner Braut, einer jungen Frau, nicht zumuten viele Jahre, vielleicht vergeblich, auf mich zu warten. Diese Gedanken hatte ich ihr damals unterbreitet und ihr angeboten, unser Verlöbnis als gelöst zu betrachten, damit sie die Möglichkeit hätte, gegebenenfalls eine andere Verbindung einzugehen. Dieses Ansinnen wies sie auf das entschiedenste zurück und bestand auf der Weiterführung unseres Verhältnisses.

Bisher war ich im Zellenbau in Einzelhaft, nachdem ich dort einige Monate zugebracht hatte, kam eines Tages der Kommissar und eröffnete mir, daß ich in die Schlosserei versetzt würde. Damit war auch die Versetzung vom alten in den neuen Zellenbau verbunden. Letzterer war etwas besser ausgestattet, hatte aber auch nur Einzelzellen. Morgens ging ich in die Schlosserei; dort wurde in Gemeinschaft gearbeitet und gegessen. Abends ging es wieder zurück in den neuen Zellenbau in die Einzelzelle. Dies war für mich eine angenehme Lösung, tagsüber in Gemeinschaft, nachts allein.

In der Schlosserei wurden Waschkessel für eine Ludwigsburger Firma hergestellt. In der Gruppe, in der ich arbeitete, wurden Kohlenherde, Gasherde und kombinierte Herde produziert. Sie durften nicht an Private verkauft werden, sondern waren nur für staatliche Stellen bestimmt. Die Schlosserei wurde von einem Vollzugsbeamten (Meister) geleitet. Ihm zur Seite stand ein politischer Gefangener als Kapo. Als letzterer wegen Verbüßung seiner Strafe entlassen wurde, beauftragte der Meister mich mit dieser Funktion. Im großen ganzen war es ein angenehmes Arbeiten, mit dem Meister kam ich gut zurecht; er ließ mich selbständig arbeiten und hörte auf meine Vorschläge. Jetzt bekam ich auch mehr Lohn, 18 Pfennige pro Tag, etwas wenig für einen Facharbeiter. Dies war aber der höchste erreichbare Lohn.

Ein weiterer Vorteil bot sich mir: ich erhielt vom Direktor die Genehmigung für Außenarbeiten. Jetzt mußte ich des öfteren außerhalb der Anstalt unter Begleitung des Meisters Arbeiten ausführen. U.a. bekam ich den Auftrag, zusammen mit einem Kameraden die schweren Ketten an der Schorndorfer Straße unterhalb der Bärenwiese mit dem Schneidbrenner abzuschneiden. Sie wurden als Rohstoff eingeschmolzen. -Auch von der Schlosserei aus hatten wir täglich Hofgang, zwischen dem Werkstattgebäude und dem neuen Zellenbau. Dort standen einige Bäume, und unter diesen bewegte sich unser Bärentanz. Als wir eines Tages unseren Hofgang hatten, trat der für unseren Bereich zuständige Kommissar auf ein Podest und suchte einen Gefangenen, den er ins Revier holen wollte. Als er ihn nicht sah, fragte er nach diesem. Plötzlich rief ihm ein Gefangener zu: «Den hat soeben der Deifel geholt». Darauf ein allgemeines Gelächter; zwischen Deifel und Teufel gibt es in der schwäbischen Aussprache keinen Unterschied. Der Sanitätswachtmeister hieß Deifel, und er hatte den Gesuchten schon vor dem Kommissar geholt.

In der Schlosserei waren überwiegend politische Gefangene und nur einige Kriminelle. Daher wurde die Atmosphäre von den Politischen bestimmt. Zwei Genossen interessierten sich für Algebra und baten mich, daß ich sie mit dieser Rechenmethode vertraut mache. Deshalb befaßten wir drei uns in der Mittagspause mit diesem Thema. Darüber hinaus nahm ich noch die Trigonometrie in Angriff, die mich sehr interessierte. Technische Zeitschriften las ich auch neben der allgemeinen Literatur. So konnte ich diese Zeit nutzbringend verwenden. Es versteht sich von selbst, daß wir Politischen uns auch über politische Vorgänge draußen unterhielten, soweit wir geeignete Informationen hatten. Als im Frühjahr 1938 deutsche Truppen in Österreich einmarschierten, hörten wir zuvor nachts außergewöhnlichen Autolärm und fragten bei Tag unseren Meister nach der Ursache, der uns dann diesen Vorgang berichtete.

Ein junger Genosse der KPD hatte Besuch. Von diesem Besuch kam er vorzeitig in die Schlosserei zurück und ging auf mich ganz aufgeregt zu. Er erzählte, seine Mutter habe ihn besucht und dabei berichtet, daß in Buchenwald zwei Häftlinge erhängt worden seien. Darauf habe der Beamte den Besuch sofort abgebrochen. Zu diesem Zeitpunkt haben wir zum erstenmal von dem KZ Buchenwald gehört. Das KZ Dachau war in Süddeutschland bekannter, vor allem in unseren Kreisen. Es ist beachtlich, daß dieser Vorgang in Buchenwald verhältnismäßig schnell nach Süddeutschland durchgedrungen war.

Unter den politischen Gefangenen wurden weder in der Untersuchungshaft noch hier im Zuchthaus alte politische Differenzen ausgetragen. Es war für alle ein ungeschriebenes Gesetz, jetzt in dieser Situation zusammenzustehen und sich gegenseitig zu helfen, gleichgültig ob SPD, KPD oder sonst eine politische oder religiöse Richtung.

Kurz vor Ende meiner Strafhaft wurde noch ein Wechsel in der Leitung der Anstalt vorgenommen. Der bisherige Direktor schied altershalber aus. An seine Stelle trat Direktor Klaus, der vordem im Gefängnis in Ulm die Gefangenen schikaniert hatte. Er war ein brutaler Mensch, ein waschechter Nazi, der nur darüber nachdachte, wie er die Gefangenen plagen konnte. So traf er immer wieder neue Anordnungen, die wie Nadelstiche wirkten. Z.B. verlangte er von uns in der Schlosserei, daß wir uns nur noch mit Schmierseife waschen sollten, nicht mehr mit normaler Seife wie bisher, oder daß man in der Zelle kein Schreibmaterial haben durfte. Er schämte sich nicht, den Weg von der Schlosserei durch einen unterirdischen Gang zum Zellenbau zu nehmen und sich hinter einer Türe zu verstecken, um die Gefangenen zu belauschen.

Als meine Zeit um war am 29.Dezember 1938, 16.00 Uhr - die Justiz hält die Zeit der Strafhaft genau ein - mußte ich mich bei Klaus melden. Dabei war militärische Haltung einzunehmen, ein paar gestrenge Worte für die Zukunft, dann abtreten. Zum Schluß wurde mir mitgeteilt, daß ich zur Gestapo in Stuttgart überstellt würde, was für mich keine Überraschung war. Ich wußte schon lange, daß Häftlinge mit einer politischen Vergangenheit wie meine nach der Strafverbüßung in "Schutzhaft" kamen. Dafür hatte ich genügend anschauliche Beispiele bei vielen Genossen, die vor mir dran waren.

10. Zwischenstation Welzheim

Mit dem Verlassen des Zuchthauses wurde die Justiz ausgeschaltet. Die gesetzlichen Bestimmungen wurden außer Kraft gesetzt, jetzt herrschte die Willkür der Gestapo, die mit den Gefangenen machen konnte, was sie wollte, von der Folter bis zur Tötung, ohne von irgend jemand belangt werden zu können. Nun ging es von Ludwigsburg nach Stuttgart ins Gefängnis der Stadtdirektion. Dort traf ich mit dem Ludwigsburger Genossen Franz Martin zusammen. Gemeinsam verbrachten wir Silvester und Neujahr hinter Gefängnismauern.

Nach diesen Feiertagen wurde ich in Stuttgart zu dem Kommandanten des Welzheimer Lagers Buck zitiert. Der fragte mich, ob ich inzwischen etwas gelernt hätte. Er meinte es natürlich politisch. Ich antwortete: «Ein Nationalsozialist bin ich nicht geworden». Damit war die Vorstellung beendet. Hätte ich ihm etwas anderes gesagt, gar das Gegenteil, wäre ihm dies nicht glaubhaft gewesen. Er würde es als Heuchelei betrachtet haben, als Betteln um Schonung. Eine solche Haltung diesem Nazi gegenüber war mir im tiefsten Herzen zuwider. Außerdem hätte sie auch nichts genützt.

Das KZ war also vorprogrammiert. Meine diesbezügliche Meinung fand ich später bestätigt. Meine Braut erzählte mir, daß sie bei Buck vorgesprochen habe und um meine Freilassung gebeten hatte. Dabei wies sie auf meine gute Führung im Zuchthaus hin. Buck erwiderte:«Wenn er sich auch im Zuchthaus gut geführt hat, trotzdem ist er ein alter Kommunist». Darüber hinaus empfahl er ihr, sich von mir zu trennen und einen anderen Mann zu suchen. Nach dem Auftritt bei Buck wurde ich gemeinsam mit Martin und noch einigen Gefangenen auf einem Kleinlastwagen unter Begleitung von SS-Leuten nach Welzheim transportiert.

Dort angekommen mußten wir im Hausgang antreten und warten; dabei wurde befohlen, nur geradeaus zu schauen. Mein Nachbar drehte nur leicht den Kopf, schon hatte er eine saftige Ohrfeige weg.

Der Unterschied zwischen Zuchthaus und KZ war unverkennbar. Trotzdem war zwischen Welzheim und den großen KZ Dachau und Buchenwald ein Unterschied. Welzheim war ein kleines Lager im früheren Amtsgerichtsgefängnis. Die meisten politischen Häftlinge waren nur kurze Zeit dort, von der Strafverbüßung bis zum Erlaß des Schutzhaftbefehls aus Berlin. Dadurch entwickelten sich zwischen Häftlingen und Wachmannschaften direktere Beziehungen als in großen Lagern; der einzelne Häftling blieb im letzteren Fall anonym.

In der Nähe des Lagers war ein kleiner Steinbruch; zu diesem rückte ein Kommando aus. Ich gehörte dieser Gruppe kurze Zeit an. Eine kleinere Gruppe von Häftlingen, es waren vorwiegend Schreiner, arbeitete in einer Schreinerei und führte dort Holzarbeiten für die SS aus. Der politische Häftling Friedrich Schlotterbeck, von Beruf Schreiner, gehörte lange Zeit diesem Kommando an. Er spielte eine kapo-ähnliche Rolle. Seine ganze Familie wurde von den Nazis umgebracht. Seine Braut, Else Himmelheber, die mir aus der Kommunistischen Jugend gut bekannt war, wurde in Stuttgart enthauptet.

Nach meiner Tätigkeit im Steinbruch wurde ich dem Schreinerkommando zugeteilt, weil dort ein Betriebsschlosser benötigt wurde. Werkzeuge machen und sonstige anfallende Schlosserarbeiten waren der Inhalt meiner Tätigkeit, die mir besser zusagte als im Steinbruch. Die Besitzer der Schreinerei, es waren Geschwister, arbeiteten nicht selbst in der Werkstatt. Welches Rechtsverhältnis zwischen ihnen und der SS bestand, weiß ich nicht. Jedenfalls möchte ich in dankbarer Erinnerung erwähnen, daß diese Leute sehr gut zu uns Häftlingen waren. An der Fasnacht 1939 holte uns die Frau in einen Nebenraum und stellte eine große Platte mit Fasnachtsküchle für uns auf. Die bewachenden SS-Leute waren auch von der Partie. Wir bekamen des öfteren ähnliche Zuwendungen von diesen freundlichen Leuten.

Da es im allgemeinen nicht so viel Arbeit für alle gab, wurden die Häftlinge mit mehrmaligem Bettenbau beschäftigt. Die Betten waren der SS nie schön genug. Die Häftlinge züchteten ihre Strohsäcke zu wahren Wunderwerken. Eine weitere Beschäftigung war das Reinigen der Tische und Stühle. Alles mußte in den Hof getragen werden, dort wurde mit Seifenwasser gebürstet und geschrubbt und zur Unterhaltung der SS wurde der Hund, ein Schnauzer, auf die Häftlinge gehetzt. In einem günstigen Augenblick, als gerade keine Beobachter im Weg waren, gab ich dem Hund mit meinem Knobelbecher einen Stoß auf die Schnauze.

Von da an hatte ich meine Ruhe vor ihm. Manchmal mußten wir das in der Nähe befindliche Kameradschaftsheim aufräumen und reinigen. Dabei konnten wir den noch herumstehenden Zucker kassieren, denn im Lager gab es keinen Zucker in den Kaffee. Eine weniger angenehme Arbeit außerhalb des Lagers war das Schneeräumen. Es hatte stark geschneit, der Schnee lag hoch. Ausgerechnet zu diesem Zeitpunkt kam Buck ins Lager und trat sofort auf die Straße, um uns zu schnellerem Arbeiten anzutreiben. Wenn dieser Mann vor einem stand und seine dunklen Augen blitzen ließ, glaubte man, den Teufel vor sich zu haben.

Meine Wartezeit in Welzheim ging auch vorüber. Ende März 1939 wurde mir mitgeteilt, daß der Schutzhaftbefehl von Berlin da sei, ich würde ins KZ Dachau überführt. Am nächsten Morgen ging es wieder zurück nach Stuttgart ins Gefängnis der Stadtdirektion. Dort traf ich den KPO-Jugendgenossen Karl Wilhelm. Er war bereits in Dachau als Häftling und wurde lediglich zu einem anderen Prozess als Zeuge nach Stuttgart überstellt und stand jetzt zur Rückreise mit dem nächsten Zug nach Dachau bereit. So kam es, daß wir beide gemeinsam nach Dachau fuhren. Zunächst ging es mit dem Schubwagen (Eisenbahn) nach München. Dort übernachteten wir im Polizeigefängnis in einem großen Raum. In diesem befanden sich etwa 20-30 Männer aus den verschiedensten Richtungen und auch aus den verschiedensten Gründen. München war ein bedeutender Umschlagplatz für Gefangenentransporte geworden. Die Einrichtungen reichten dafür nicht mehr aus; deshalb mußten wir auf dem Boden schlafen. Lediglich ein paar Decken konnte man bekommen. Ich konnte mich mit Karl Wilhelm über unsere Angelegenheiten unterhalten. Für mich war es sehr wertvoll, daß er mich mit den Verhältnissen in Dachau vertraut machte und mir gute Ratschläge gab. Nach einer nicht gerade guten Nacht wurden wir am andern Morgen vier oder fünf Mann stark von München nach Dachau gefahren.

11. In Dachau

Da ich der einzige Neuzugang war - die übrigen waren nur überstellt, wie Karl Wilhelm - mußte ich allein die Neuaufnahmezeremonie absolvieren. Zuerst ging es in die Effekten- und Häftlingskammer. Dort mußte ich meine Habseligkeiten und meine Kleider samt Unterwäsche und Schuhe abgeben. Ein SS-Mann fragte mich, warum ich hier sei. Ich antwortete ihm wahrheitsgemäß «wegen Vorbereitung zum Hochverrat»; darauf meinte er:«Du hast aber Schneid gehabt». Vermutlich hatte er sich unter diesem Begriff mehr vorgestellt als im Dritten Reich zu einer solchen Verurteilung Voraussetzung war. Außerdem haben SS-Leute im allgemeinen zackige, militärische Antworten gerne gehört, diese Erfahrung habe ich noch öfter gemacht. Anschließend wurden dann am ganzen Körper sämtliche Haare geschnitten. Nach dem anschließenden Duschen erhielt ich die Häftlingskleidung, in der ich dann auf dem Appellplatz den ganzen Tag ohne Verpflegung stramm stehen mußte.

Einsam und verlassen stand ich nun da. Nach einiger Zeit kam ein Lageroffizier auf mich zu und fragte, ob ich wüßte, wie lange ich hier bleiben müßte. Als ich verneinte, sagte er, solange bis Kommißbrot Kuchen sei, in Häftlingskreisen ein alter Kalauer. Seit Verlassen des Zuchthauses wurde man bei der Gestapo und SS nur noch mit «Du» angesprochen; für sie war der Häftling nur eine Nummer. Mit der Häftlingskleidung bekam ich zwei gleiche Nummern, die ich auf Hose und Jacke annähen mußte. Sie lautete 32.600, die genaue Endzahl weiß ich nicht mehr. Daraus ging immerhin hervor, daß seit der Errichtung im März 1933 bis März 1939 über 32.600 Menschen dieses Lager durchlaufen hatten. Wieviele haben dort ihr Leben lassen müssen?

Nach dem Abendappell durfte ich wegtreten. Ich wurde vor eine Baracke geführt und erhielt dort meine künftige Baracke zugewiesen. Inzwischen kam aus der ersten Baracke Dr. Kurt Schumacher, der frühere Chefredakteur der sozialdemokratischen Zeitung «Schwäbische Tagwacht» in Stuttgart, auf mich zu und fragte, wie es draußen politisch aussehe; er hatte erfahren, daß ich ein Stuttgarter bin. Ich erwiderte, daß ich vier Jahre Zuchthaus hinter mir habe und seither nicht mehr in Freiheit gewesen wäre, sodaß ich zu seiner Frage nichts sagen könne. Er klopfte mir auf die Schulter, ermunterte mich mit der gutgemeinten Aufforderung «Kopf hoch» und wünschte mir alles Gute. Es war in den Lagern allgemein üblich, Neuzugänge nach den Verhältnissen draußen zu befragen, insbesondere wenn sie vom Heimatort waren. Als ich dann auf dem mir zugewiesenen Block war, brachte mir der Genosse Karl Wilhelm Weißbrot und Butter. Für mich war dies bereits Kuchen.

Am andern Morgen bekam ich eine Einweisung in die Strafkompanie. Ich mußte wieder vor der Baracke antreten, in der Dr.Schumacher tätig war. Weil er nur einen Arm hatte, war er mit der Verteilung von Zeitungen und Zeitschriften beschäftigt. Als er mich wieder sah, kam er heraus und fragte, was mit mir los sei. Ich teilte ihm mit, daß ich auf Grund der Akten in die Strafkompagnie käme. Er war darüber erstaunt und sagte, daß dieser Vorgang neu sei. Bisher sei man nur dann in die Strafkompagnie gekommen, wenn man im Lager aufgefallen sei. Mit guten Wünschen verabschiedete er sich.

Die Strafkompagnie befand sich im Block 15. Die Zugangsstraße zu dieser Baracke war vorne und hinten mit einem Drahtzaun abgeschlossen, sodaß wir vom übrigen Lager völlig isoliert waren. Zu den Appellen mußten zuerst alle Blocks (Baracken) zum Appellplatz aufmarschieren; dann erst wurde der Isolierten-Block, wie unser Block genannt wurde, zum Aufmarsch aufgefordert. Am Ende des Appells mußte unser Block zuerst abmarschieren. Erst wenn unser Block abgeschlossen war, durften die übrigen Blocks abrücken. Dadurch wurde jeder Kontakt mit anderen Häftlingen unmöglich. Während die Häftlinge im Lager zusätzliche Lebensmittel in der Kantine kaufen konnten, soweit sie Geld auf dem Konto hatten, war dies für die Strafkompagnie verboten. Außerdem war auch die Schreiberlaubnis eingeschränkt. Anfangs bekamen wir für drei Tage einen Laib Brot, später mußte er 5 Tage reichen. Da die Verpflegung allgemein knapp war, herrschte in der Strafkompagnie immer großer Hunger. Trotzdem war ich überrascht, als am ersten Tag ein Häftling mich fragte, ob ich meine Kartoffelschalen schon verstellt hätte; es gab nämlich Pellkartoffeln. Ich verneinte dies und versprach ihm dieselben.

Das Essen mußte ich wie andere Häftlinge einige Zeit am Boden einnehmen, weil alle Tische besetzt waren. Unser Block war überfüllt. Im Schlafraum waren die Feldbetten dreistöckig aufgestellt. Da dies nicht ausreichte, waren weitere Betten in gleicher Weise im Wohnraum aufgestellt. Wenn man bedenkt, daß in der Mitte des Wohnraums ein großer Kachelofen stand, um ihn herum einige Tische und Bänke, und an einer Wandseite die Spinde, konnte man sich ausrechnen, wie eng es bei mehr als 100 Mann Belegung zuging.

Als Neuzugang mußte ich oben im 3.Bett direkt unter der Decke vorliebnehmen. In diesen Baracken war unter dem Gebälk noch eine Decke eingezogen, sodaß im 3.«Stock» nicht mehr viel Luft blieb. Außen waren die Baracken mit Eternit verkleidet. Innen war der Boden mit schönen gehobelten Brettern belegt. Diese mußten immer blitzblank glänzen. Deshalb durfte kein Häftling den Wohn- oder Schlafraum mit Schuhen betreten, sie mußten im Vorraum ausgezogen werden. Diese Tatsache hatte uns Häftlingen viel Nerven gekostet. Wenn wir Mittags zum Essen kamen, mußten alle ihre Schuhe ausziehen und auf einer Fläche, weniger als 1 qm, abstellen. Die meisten banden ihre Schuhe zusammen, weil es öfter vorkam, daß der eine zwei linke und der andere zwei rechte Schuhe bekam. Kein Wunder, wenn über 100 Paar Schuhe auf einem Haufen lagen und die Zeit immer knapp war.

Morgens wenn wir Kaffee getrunken hatten, mußten wir den Wohnraum verlassen, damit der Stubendienst noch vor dem Appell den Boden blocken konnte. Zu diesem Zweck hatten die Häftlinge Blocker, Marke «Eigenbau», hergestellt. An einer Holzkiste wurden unten einige Schuhbürsten angenagelt, die Kiste mit Beton gefüllt und ein beweglicher Stil angebracht. Fertig war der Blocker. Diesen mußten einige Häftlinge betätigen; manchmal stellte sich ein leichter Häftling darauf, damit noch mehr Glanz erreicht würde. Während dieses dummen Vorgangs standen wir Häftlinge auf der Straße, gleichgültig, ob es regnete oder schneite. Die eitlen Blockführer (SS-Scharführer) stachen aufeinander, wer den schönsten Block habe. Für unseren Block war der Hauptscharführer Planck zuständig, ein Draufgänger, der zu allem fähig war. Jede Baracke hatte 4 Stuben (Wohn- und Schlafraum). Je 2 Stuben verfügten über einen gemeinsamen Zugang, welcher einen Vorraum, einen Waschraum und die Toiletten umfaßte. Morgens war in den Nebenräumen immer allgemeines Gedränge; denn bis zum Appell mußte alles erledigt sein, weil nach dem Appell sofort die Arbeitskommandos gebildet wurden und zur Arbeit ausrückten. Beim Waschen ließen die Häftlinge keine Katzenwäsche zu. Wenn einer dies versuchte, wurde ihm das Hemd ausgezogen. Obwohl wir nur kaltes Wasser hatten, wurde auf ordentliche Reinigung großer Wert gelegt.

Für jede Stube waren einige Häftlinge als Stubendienst eingesetzt; diese waren für Ordnung und Sauberkeit verantwortlich. Sie mußten morgens den Kaffee holen, mittags das Essen, und sonstige Angelegenheiten erledigen. Für den ganzen Block (Baracke) war von seiten der Häftlinge der Blockälteste zuständig, zeitweise Alfred Haag, früherer württembergischer Landtagsabgeordneter aus Schwäbisch Gmünd, und Oskar Bauer, auch ein politischer Häftling aus Cannstatt. Er hatte eine Armbinde mit der Blocknummer. Er mußte beim Appell dem Blockführer über die Belegung des Blocks berichten, zu meiner Zeit waren es etwa 500 Häftlinge. Ein Blockführer war mindestens im Rang eines Unterscharführers und hatte beim Appell dem Rapportführer über die Blockstärke zu berichten. Um den hierarchischen Vorgang vollständig zu machen, sei erwähnt, daß der Rapportführer beim Appell dem Lagerführer die Belegung des Lagers berichten mußte. Über dem Lagerführer stand noch der Lagerkommandant, der sich normalerweise nicht am Appell beteiligte.

In der Stube 1, in der ich lag, waren viele Österreicher, zum Teil bürgerliche Leute, Pfarrer; bei den Häftlingen aus dem Sudetenland herrschten Sozialdemokraten vor. Zu ihnen hatte ich gute Kontakte und bald engere Kameradschaft. Nach einiger Zeit kam der Stuttgarter Genosse Eugen Waller in die Strafkompagnie auf Stube 1. Wir kannten uns aus früheren Zeiten der Kommunistischen Jugend. Es war für uns selbstverständlich, daß wir uns eng zusammenschlossen. Aller guten Dinge sind drei. Als dritter im Bunde kam noch der Genosse Fritz Pröll aus Augsburg, auch ein ehemaliger Jugendgenosse, zu uns. Wir drei blieben in Dachau immer beieinander und halfen uns gegenseitig. Es war in dieser Situation besonders wertvoll, Gleichgesinnte um sich zu haben.

In der Strafkompagnie befanden sich auch zahlreiche Bibelforscher, die insbesonders deshalb in Haft waren, weil sie den Kriegsdienst verweigerten. Sie waren in Stube 4 untergebracht. Eines Tages bekamen wir hohen Besuch; der Reichsführer der SS, Himmler, kam mit einer Gruppe von etwa 20 Personen zur Lagerbesichtigung. Unter anderem kam die Gruppe unter Führung von Himmler auch in die Strafkompagnie. Der ganze Block mußte antreten; Himmler und seine Gefolgsleute gingen an unserer Front entlang. Bei einem bestimmten Bibelforscher machten sie halt, er war deren führender Kopf. Vermutlich war Himmler von der SS auf diesen Mann aufmerksam gemacht worden. Diesen fragte Himmler, warum die Bibelforscher nicht bereit wären Kriegsdienst zu leisten, um das Vaterland zu verteidigen. Darauf antwortete dieser sinngemäß und schneidig: «Wir Menschen sind im Gegensatz zu den Tieren mit Vernunft begabt und brauchen deshalb zur Regelung von Differenzen keine Gewalt anzuwenden.» Nach dieser Antwort ging Himmler weiter und sagte zu seinen Begleitern:«Das sind eben die süddeutschen Spintisierer.» Diesen Dialog konnte ich gut mithören, weil der Bibelforscher direkt schräg hinter mir stand.

Aus diesen Bibelforschern wurde ein kleines Arbeitskommando zusammengestellt, das montagsfrüh mit einem Lastwagen zum Sudelfeld bei Bayrischzell gefahren wurde. Dort mußten sie für die SS Bauarbeiten ausführen. Samstags kamen sie wieder ins Lager zurück. Da diese Bauarbeiten längere Zeit dauerten, kamen die Bibelforscher in etwas engeren Kontakt zur dortigen SS-Gruppe, als dies im Lager möglich gewesen wäre. Nach einiger Zeit berichteten sie uns, die SS-Leute hätten ihnen erzählt, die Deutschen und die Russen hätten sich über die Aufteilung Polens geeinigt. Wir konnten dies nicht glauben und meinten, die Bibelforscher verstünden nichts von Politik, und hätten sich von der SS einen Bären aufbinden lassen. Leider stellte es sich später - Ende August 1939 - als Tatsache heraus, daß Hitlerdeutschland mit der Sowjetunion einen Pakt geschlossen hatte, der u.a. die Aufteilung Polens beinhaltete.

Jeden Tag wurde morgens und abends ein Appell abgehalten. Sämtliche Blocks mußten in Zehnerreihen aufmarschieren, auf dem Appellplatz rechts oder links um; die Vordermänner der Zehnerreihen zählten durch. Wenn dies nicht flott vor sich ging, bekam der Häftling, der beim Zählen etwas zögerte, vom Blockführer (SS) eine kräftige Ohrfeige unter Begleitung eines Schimpfwortes, wie Drecksau, Kretiner, oder ähnliche Ausdrücke.

Die Bayern verwandten bei solchen Anlässen immer wüste Worte. Damit das Zählen möglichst glatt vonstatten ging, achtete der Blockälteste darauf, daß geeignete Häftlinge als Flügelleute fungierten. Wenn der Appell stimmte und der Rapportführer dem Lagerführer meldete, kam der Befehl «Mützen ab». Die Mützen wurden an die Hosennaht geschlagen. Wenn der Schlag nicht einheitlich war, mußte diese Prozedur mehrmals wiederholt werden. Beim Appell konnten wir auf dem Dach des Wirtschaftsgebäudes in großen Lettern die Meilensteine in die Freiheit lesen:«Ordnung, Disziplin, Sauberkeit, Gehorsam, Ehrlichkeit, Vaterlandsliebe, Treue, Fleiß», und wie die sonstigen erwünschten Eigenschaften hießen.

Einen besonderen Beitrag zur Vaterlandsliebe leistete am Ende des Appells der Rapportführer Hofmann. Wenn vorne vor dem Wirtschaftsgebäude die Häftlinge antraten, die sich ins Krankenrevier gemeldet hatten, ging Hofmann durch die wenigen Reihen dieser Häftlinge und schlug diejenigen nieder und trat sie mit den Füßen, von denen er annahm, daß sie Drückeberger oder Simulanten seien. Dies habe ich öfter gesehen. Derselbe Hofmann, der im Auschwitz-Prozeß zu lebenslänglich verurteilt wurde, behauptete in diesem Prozess, zu seinen Taten in Dachau und später in Auschwitz gezwungen worden zu sein.

Ein Morgenappell dauerte länger als sonst, es war der 20.April 1939. An Hitlers 50. Geburtstag wurden zahlreiche langjährige Häftlinge entlassen. Im allgemeinen waren Entlassungen sehr selten. Wie ich später hörte, sollen einige der Entlassenen bereits wieder nach mehreren Wochen eingewiesen worden sein, weil sie in Freiheit über Dachau geredet hätten. Ob dies stimmte, konnte ich von der Strafkompagnie aus nicht prüfen; möglich war es schon.

12. Verschiedene Arbeiten

Als Neuzugang mußte ich im schlechtesten Kommando, in der Kiesgrube, beginnen. Das ganze Gebiet um das Lager war Kiesboden. Wenn etwas gebaut wurde, konnte der ausgeschachtete Kies sofort wieder zum Betonieren verwendet werden. In der Kiesgrube mußte ich den ganzen Tag Kies schippen, eine schwere Arbeit. Nach einigen Tagen hatte es stark geschneit, und ich wurde mit anderen Häftlingen der Strafkompagnie zum Schneeräumen eingesetzt. Den Schnee mußten wir mit einem vierrädrigen Pritschenwagen, im Häftlingsjargon Moorexpress genannt, in den von der Amper um das ganze Lager fließenden Wassergraben kippen. Den Moorexpreß zogen wir vorne mit Seilen, wie Wolgaschlepper, hinten schoben die übrigen Häftlinge. Nach dem Schneeschippen ging es wieder in die Kiesgruppe zurück. Es dauerte aber nicht lange, dann kam der Kapo, Karl Wagner, ebenfalls ein politischer Häftling, auf mich zu und sagte mir, in einem anderen Kommando würde ein Heizungsmonteur gesucht. Ich solle mich als solchen ausgeben, wenn der Kommandoführer mich fragen sollte, als Schlosser würde ich schon zurechtkommen. Er würde mich dem SS-Mann vorschlagen. Anscheinend hatte sich die Hilfe der Politischen zu meinen Gunsten ausgewirkt. Die Arbeit wurde für mich leichter.

Ein Häftling in unserer Stube hatte, außer der Strafkompagnie, innerhalb derselben noch eine besondere Strafe zu erdulden. Er mußte den ganzen Tag über einen schweren Stein von einer Ecke des Platzes zur anderen tragen, dort absetzen, und dann wieder zurücktragen. Diese nervenaufreibende Sisyphusarbeit mußte er einige Zeit Tag für Tag ausführen. Um die Häftlingsjacke zu schonen, waren auf beiden Schultern Lederstücke angebracht. In dieser Zeit war es für die SS wichtiger, uns Häftlinge zu plagen, als eine vernünftige Arbeit zu leisten.

Aber die Zeiten ändern sich, meine Arbeit auch. Jetzt wurde ich dem Kommando «Garagenbau» zugeteilt. Es handelte sich um den Bau zahlreicher Garagen für eine SS-Division. Dazu gehörten Hebebühnen und Waschräume für die Fahrzeuge. Für mich war das die bisher interessanteste Arbeit, weil ich mit einem Zivilarbeiter aus München zusammenarbeiten mußte, der für die Aufstellung eines großen Kompressors und die Verlegung der Pressluft- und Wasserleitungen zuständig war. Letzterer merkte bald, daß ich Montageerfahrungen hatte, weshalb er mich selbständig arbeiten ließ und mir häufig Arbeitsaufträge für die nächsten Tage erteilte, die ich zusammen mit einigen Kameraden erledigen mußte. Der Zivilarbeiter hatte außer Dachau noch andere Montagestellen. Die Aufrüstung lief auf Hochtouren. Deshalb fehlte er öfter und übertrug mir die anstehenden Arbeiten. Die Rohrleitungen verlegten wir in den Heizkanälen; so passierte es mir und einem Kameraden, daß wir abends das Feierabendpfeifen nicht hörten. Als es auf der Baustelle sehr ruhig war, fiel uns das auf. Wir stiegen aus dem Heizkanal und sahen, daß das ganze Kommando bereits angetreten war. Jetzt aber los im Laufschritt zum Antreten. Beim Kommandoführer mußte ich vortreten; ich entschuldigte uns damit, daß wir im Heizkanal das Pfeifen nicht gehört hätten. Trotzdem beschimpfte er uns vor einigen hundert Häftlingen mit den üblichen wüsten Ausdrücken. Dann durften wir ins Glied zurücktreten. Zum Glück war noch nicht durchgezählt worden, sonst hätten wir zwei gefehlt, und die Suchaktion wäre angelaufen. In diesem Fall wäre uns dieser Vorgang als Fluchtversuch ausgelegt worden: 25 Schläge wären fällig gewesen.

Außerhalb des Lagers befanden sich SS-Kasernen. Die dortigen Truppen hatten mit dem inneren Lagerbetrieb nicht direkt zu tun. Sie wurden lediglich zur Bewachung der außerhalb des Lagers tätigen Arbeitskommandos oder als Begleitmannschaft für Transporte eingesetzt. Zu unserem Ausmarsch in den Garagenbau stand am Lagertor eine SS-Truppe als Begleitmannschaft bereit. Wenn dabei Singen befohlen wurde, und der eine oder andere Häftling sang nicht, konnte er von den begleitenden SS-Leuten mit dem Gewehrkolben einen Rippenstoß bekommen. Wenn von der Begleitmannschaft um die ganze Baustelle eine Postenkette gezogen war, formierten sich auf Befehl die Arbeitskommandos. Abends gab der Kommandoführer ein Pfeifzeichen zum Antreten und Zählen. Stimmte die Häftlingszahl, wurde die Postenkette eingezogen, und es ging in gleicher Weise wieder zurück ins Lager.

Im Frühjahr geschah es, daß ein Häftling fehlte. Die Postenkette konnte nicht eingezogen werden, weil in ihrem Bereich nach diesem Häftling gesucht wurde. Auch auf der Baustelle selbst wurde gesucht. Da auf der Baustelle nur wenige SS-Leute waren, mußten alle Häftlinge auf den Bauch hinliegen, damit sie leichter überwacht werden konnten. Wer den Kopf hebt, wird erschossen, warnte der Kommandoführer. Das mußte bei der SS ernst genommen werden. Als der fehlende Häftling nicht gefunden wurde, ertönte im nicht weit entfernten Lager die Sirene. Jetzt durfte unser Kommando ins Lager einrücken. Dort wurde der übliche Appell fürs ganze Lager durchgeführt. Weil ein Häftling fehlte, mußte das ganze Lager zur Strafe, trotz Regen, auf dem Appellplatz stehen bleiben. Wie lange das dauern würde, wurde in den Häftlingsreihen diskutiert. Alle warteten auf das erlösende Kommando «Abrücken». Aber nichts geschah. So verging eine Stunde um die andere. Immer wieder hofften wir, angesichts des Regens würde diese Strafe abgeblasen. Alles leere Hoffnungen. Es wurde Mitternacht, wir froren, hatten Hunger, waren müde. Um uns gegenseitig zu wärmen und zu stützen, rückten wir dicht zusammen. Einige waren aus Schwäche umgefallen. Ihnen durften wir nicht helfen. Sie mußten liegenbleiben. Als die SS das Zusammenrücken bemerkte, kam der Befehl «Auseinanderrücken». Für kurze Zeit wurde er befolgt, aber bald wurden die Kontakte wieder enger. Apathie, Gleichgültigkeit beschlich uns. Wir waren nicht mehr bereit, alle Befehle pünktlich auszuführen. Wir ließen uns gehen. Die Mitternacht lag lange hinter uns, es ging dem Morgen entgegen. Das Hoffen hatten wir aufgegeben, aber der neue Tag gab uns wieder mehr Willenskraft, mehr Mut zum Leben. So standen wir weiter auf dem Appellplatz.

Endlich morgens 10 Uhr kam der langersehnte Befehl «Abrücken». Alle stürmten auf ihre Baracken zu bis auf einige Tote, die diese fürchterliche Nacht gekostet hatte. Auf unserem Block ging es wild zu. Alle wollten ihre nassen Kleider zum Trocknen aufhängen. Das ging nicht. Die meisten legten sie über ihre Betten. Mit Hemd und Unterhose, beides naß, legten wir uns ins Bett und ließen alles durch unsere Körperwärme trocknen. Jetzt galt nur noch eines: schlafen und nochmals schlafen nach einer so anstrengenden Nacht. An diesem Tag mußten wir nicht mehr arbeiten.

Nach kurzer Zeit wurde der entflohene Häftling eingefangen. Es war ihm gelungen, als Kaminfeger verkleidet unbeanstandet durch die Postenkette zu gehen. Die Schwierigkeit war für ihn wahrscheinlich, in der Freiheit weiterzukommen. Ohne organisierte Hilfe von außen war dies damals kaum möglich. Den alten Lagerhasen war aus früheren Erfahrungen bekannt, daß eine mißlungene Flucht mit dem Tode bestraft wurde. Inzwischen wußte es das ganze Lager. Um es allen Häftlingen wieder ins Bewußtsein zu rufen, wurde diesmal eine besondere Methode angewandt. Das ganze Lager mußte auf dem Appellplatz antreten. Dem Häftling hatten die Nazis eine große Pauke umgehängt. Jetzt mußte er auf der Lagerstraße vor den Blocks langsam entlangmarschieren und bei jedem Schritt die Pauke schlagen. Das ganze Lager stand mäuschenstill auf dem Appellplatz. Nichts rührte sich. Jeder wußte, mit jedem Schritt, mit jedem Gong geht er näher dem Tod entgegen.

Für mich verursachte dieser Vorgang ein unheimliches Gefühl, ein Empfinden, das ich nie im Leben vergessen werde. Wenn jemand erhängt wird, dann geht dies auch nicht spurlos an einem vorbei. Aber es ist nur ein kurzer Moment. Hier aber war es ganz langsames Sterben.

Nach diesem Fluchtversuch habe ich mir die Frage gestellt, ob es moralisch vertretbar sei, zu fliehen, wenn man weiß, daß eine Flucht solche Folgen hat und dazu noch das Gelingen fragwürdig ist. Darf man seinen Kameraden solche Strapazen, für einige sogar den Tod, zumuten, nur um für sich allein im günstigsten Fall die Freiheit zu erringen? Da sage ich bei allem Verständnis für den Drang nach Freiheit konsequent «nein». Bei dieser persönlichen Einstellung und Entscheidung achte ich doch auch den Todesmut derer, die den anderen, individuellen Weg der Rettung versuchten, bin aber überzeugt, daß kollektiver, organisierter Kampf wirksamer wäre.- Das ganze zeigt jedenfalls den tiefen und ständigen Gewissenskonflikt, in dem jeder von uns sich befand.

Die Arbeit im Garagenbau ging mit Hochdruck weiter. Immer wieder rollte mit der Bahn neues Baumaterial heran; der Gleisanschluß lag günstig in der Nähe der Baustelle. Da mußte ein Waggon mit Zement entladen werden. Dieser war nicht nur zum Bauen wichtig, sondern auch die Häftlinge konnten diese Sendung gut gebrauchen - wegen der Papiersäcke. Wenn Regenwetter war und man konnte zwischen Hemd und Jacke einen leeren Zementsack unauffällig auf den Rücken praktizieren, war dies eine gute Sache. Es war zwar verboten, sich mit einem Zementsack gegen Regen zu schützen; deshalb mußte man vorsichtig zu Werke gehen. Aber bei dem Baufieber, das damals herrschte, nahm es die SS nicht mehr so streng wie früher. Für mich war der Regen kein Problem. Meine Arbeit wurde im Trockenen ausgeführt, im Gegensatz zu den meisten Häftlingen, die den ganzen Tag im Freien arbeiten mußten.

Wenn ich schon einmal naß wurde, dann konnte ich im Maschinenraum den Kompressor einschalten; der war im Nu heiß, und ich konnte meine Jacke schnell trocknen. Von dieser Möglichkeit haben auch einige Häftlinge aus meinem Bekanntenkreis Gebrauch gemacht. Wir mußten uns nur vor den SS-Leuten in Acht nehmen.

Es kamen nicht nur Transporte mit Baumaterial, eines Tages kam auch ein Eisenbahnzug mit Menschen. Es waren Zigeuner aus dem Burgenland, nur Männer und Jungen ab 14 oder 15 Jahren aufwärts. Diese Jungen wurden im Lager von den Häftlingen wie eigene Kinder behandelt. Die Häftlinge fühlten sich wieder als das, was sie in Wirklichkeit waren, als Väter.

Auf der Baustelle mußten sich die Häftlinge immer im Laufschritt bewegen, wenn sie keine Lasten zu tragen oder Schubkarren zu fahren hatten. Mit einem Meterstab in der Hand war das anders. Damit konnte man beliebig irgendwo etwas messen, was gar nicht zur eigenen Arbeit gehörte, wenn gerade ein SS-Mann um den Weg war. Der Meterstab war auf der Baustelle eine Art Paß. Nur waren es wenige, die einen bekamen. Ich gehörte dazu. So hatte ich die Gelegenheit, mich auf der Baustelle bewegen zu können. Einige Male erlebte ich, wie die SS einen Häftling zusammengeschlagen hatte und er am Boden lag. Für die SS war ein Eimer Wasser das Allheilmittel, um ihn wieder auf die Beine zu bringen.

Auch ich kam nicht ganz unbehelligt bei der Arbeit im Garagenbau durch. Mein Zivilarbeiter besprach mit mir, wie üblich, die Arbeit für die nächsten Tage, weil er auf anderen Baustellen tätig werden mußte. Dabei beobachtete uns der Oberscharführer Vogelsberger, der nach längerer Abwesenheit von Dachau wieder hier Dienst tat. Als der Zivilarbeiter wegging, um sich auf der Baustelle umzusehen, kam der Oberscharführer auf mich zu und sagte:«Du hast mit dem Zivilarbeiter privat gesprochen». Dies verneinte ich entschieden und erklärte ihm wahrheitsgemäß, daß wir lediglich die Arbeit der nächsten Tage besprochen hatten, weil der Zivilarbeiter einige Tage abwesend sein würde. Der SS-Mann ließ dies nicht gelten; er blieb bei seiner Behauptung, obwohl er so weit entfernt war, daß er das Gesprochene nicht hören konnte. Meine Gegendarstellung nützte nichts. Er schrieb meine Häftlingsnummer auf, um beim Rapportführer Meldung zu erstatten. Normalerweise wären 25 Schläge die Folge gewesen. Diesen Vorgang berichtete ich dem Zivilarbeiter sofort, als er zurückkam, und sagte ihm, daß ich mich um ein anderes Kommando bemühen würde, weil mir dieses Kommando zu gefährlich sei.

Mit einem Kommandowechsel war weder er noch der Hauptkapo Kapp (ein politischer Häftling) einverstanden. Mit letzterem hatte ich inzwischen in dieser Sache gesprochen, weil ohne ihn kein Kommandowechsel möglich gewesen wäre. Der Zivilarbeiter hatte dieses Vorkommnis noch am gleichen Tag dem Bauleiter, auch ein Zivilist, gemeldet. Am nächsten Tag vormittags fuhr ein PKW mit Standarte in die Baustelle herein. Ein höherer SS-Angehöriger stieg aus, und der Bauleiter ging auf ihn zu. Kurze Zeit später habe ich von weitem sehen können, wie der Oberscharführer Vogelsberger sich zu den beiden gesellte. Ein Häftling, der in der Nähe gearbeitet hatte, erzählte mir später, der hohe SS-Mann und der Bauleiter hätten den Oberscharführer sehr scharf angesprochen. Letzterer sei dann wie ein begossener Pudel weggegangen.

Als ich nach mehreren Tagen nichts mehr von Meldung und Strafe zu hören bekam, wurde mir klar, daß ich diese Angelegenheit als erledigt betrachten konnte. Der Oberscharführer hatte offensichtlich infolge seiner längeren Abwesenheit von Dachau nicht mitbekommen, daß zur Zeit nicht mehr das Schinden der Häftlinge im Vordergrund stand, sondern die Fertigstellung der Garagen.

13. Nichtangriffspakt und Krieg

Im August 1939 bestätigte sich die Erzählung der Bibelforscher, daß die Deutschen und die Russen sich über die Aufteilung Polens geeinigt hatten. Im Zusammenhang mit dem Nichtangriffspakt zwischen Hitlerdeutschland und der Sowjetunion wurde das Schicksal Polens besiegelt. Für uns als politische Häftlinge war dieses Ereignis zunächst unverständlich. Wir konnten nicht verstehen, daß Faschisten und Kommunisten sich auf irgend eine Sache einigen könnten. Mit meinen beiden Freunden aus der Kommunistischen Jugend, Waller und Pröll, hatte ich mich über die neuentstandenen politischen Probleme sehr intensiv unterhalten. Wir waren uns von Grund auf klar, daß es sich hier nicht um eine ideologische Einigkeit handeln konnte. Wir sahen in dem Münchner Abkommen vom September 1938 einen wesentlichen Grund für den Nichtangriffspakt. In München wurde deutlich, daß die Westmächte die Absicht hatten, den Expansionsdrang Hitlerdeutschlands nach Osten zu lenken, um den Westen zu verschonen. Diese Version wurde durch die Annektion der sudetendeutschen Gebiete der Tschechoslowakei im Oktober 1938 und des restlichen Staatsgebietes im März 1939 bestätigt. Für die Sowjetunion ging es zweifellos darum, Zeit zu gewinnen. Mit einem Angriff Hitlers auf ihr Land mußte die Sowjetunion immer rechnen, wie dies auch aus den Zitaten Hitlers aus «Mein Kampf» deutlich zu erkennen war. Sehr umstritten wurde der Nichtangriffspakt mit seinen Begleiterscheinungen, weil die Frage stand, ob man aus Zweckmäßigkeitsgründen grundsätzliche Positionen, wenn auch nur vorübergehend, außer Kraft setzen darf.

Nicht nur diese Frage, auch alle anderen politischen Fragen gaben uns reichlich Diskussionsstoff. Daran beteiligten sich in unserem Block nicht nur Kommunisten, auch Sozialdemokraten waren mit von der Partie. Überhaupt herrschte bei uns in der Strafkompagnie ein gutes Einvernehmen, gleichgültig ob SPD oder KPD oder KPO. Die alten Differenzen wurden beiseitegelegt; sie paßten nicht mehr in unsere Verhältnisse.

Im allgemeinen Lager soll es nicht so reibungslos zugegangen sein. Häftlinge, die aus dem Lager in die Strafkompagnie gekommen waren, berichteten über Spannungen zwischen SPD und KPD. Wie es dort in Wirklichkeit gewesen war, kann ich aus eigener Erfahrung nicht berichten. Wir waren in der Strafkompagnie zu sehr vom übrigen Lager isoliert.

Die Hektik, die damals im Garagenbau herrschte, ließ uns vermuten, daß es bald zu ernsten Auseinandersetzungen kommen würde. Je weniger Konkretes wir wußten, desto mehr Gerüchte kursierten im Block. Da wurde erzählt, Häftlinge aus Dachau seien in polnische Uniformen gesteckt worden, um in Polen eingesetzt zu werden. Da den Nazis alles zuzutrauen war, glaubten viele daran. Dichtung und Wahrheit auseinanderzuhalten war schwer.

Die Wahrheit kam schneller über uns, als wir dachten. Die deutschen Truppen marschierten am 1.September 1939 in Polen ein. Der zweite Weltkrieg hatte begonnen. Von diesem Ereignis wurden wir durch den Lautsprecher informiert. Viele Gerüchte gab es damals über einzelne Vorgänge in bestimmten polnischen Städten, mitunter auch im Zusammenhang mit den angeblich verkleideten Häftlingen, nicht zuletzt auch über das Lager Dachau. Der Garagenbau mußte so schnell wie möglich bezugsfertig gemacht werden. Die SS-Division sollte ihn dringend benützen können. Für uns Häftlinge war dies eine aufregende Situation. Wir wußten nicht, was mit uns geschehen sollte, wenn der Garagenbau fertig sein würde. Es gab wieder die verschiedensten Gerüchte, was aus uns werden würde. Endlich am Ende des Monats September erfuhren wir Genaueres, was hier in Dachau geschehen sollte. Das Lager würde vorübergehend geräumt, weil hier eine SS-Division zusammengestellt werden müßte. Nur ein kleines Kommando von Häftlingen würde zur Instandhaltung des Lagers zurückbleiben. Die Häftlinge würden auf drei Konzentrationslager verteilt, auf Flossenbürg, Mauthausen und Buchenwald. Sie würden zu gegebener Zeit alle wieder nach Dachau zurücktransportiert. Die Strafkompagnie wurde dem Konzentrationslager Buchenwald zugeteilt.

Nun wußten wir also Bescheid, wohin die Reise gehen sollte. An einem Abend in den letzten Septembertagen mußten wir auf dem Appellplatz mit unseren Habseligkeiten antreten. Der Lageroffizier Grünewald als Transportleiter, unser Blockführer, Hauptscharführer Planck und die Begleitmannschaften, feldmarschmäßig mit Stahlhelm ausgerüstet, waren zur Stelle. Nun marschierten wir durch das Tor, verließen das mit einem Wassergraben und einem elektrisch geladenen Stacheldrahtzaun umgebene Lager, um an der Gleisanschlußstelle in den Transportzug einzusteigen.

Wir Häftlinge mußten mit gewöhnlichen, bedeckten Güterwagen vorliebnehmen, wie das bei Materialtransporten des Militärs üblich ist. So wurde die Nacht hindurch in Richtung Weimar gefahren. In den Güterwagen ging es eng her; es waren zuviel Häftlinge in einem Waggon. Bescheidene Verpflegung hatten wir mitbekommen, aber etwas zum Trinken fehlte. Das Schwierigste war die Tatsache, daß in den Güterwagen bekannterweise keine Klosetts sind. Erfahrene Häftlinge hatten deshalb als Ersatz Marmeladekübel oder ähnliche Behälter beschafft. Wo diese fehlten, mußten sich die Häftlinge so behelfen, als ob an der Türe ein Donnerbalken wäre, und konnten dann Ballast ins Freie abgeben. Da dies während der Fahrt geschah, konnte man besonders in den Kurven seltene Bilder sehen. Nach langer Drangsal und wenig Schlaf sind wir dann hungrig und durstig am anderen Morgen in Weimar angekommen.

14. In Buchenwald

In Weimar wurden wir auf dem Güterbahnhof ausgeladen. Derselbe befand sich am Stadtrand, Richtung Ettersberg. Da es damals noch keine Bahnverbindung zum Konzentrationslager Buchenwald gab, mußten wir den etwa 8 km langen Weg zum Ettersberg zu Fuß gehen. Zur Sicherung des Transportes bildeten außer den SS-Begleitmannschaften weitere SS-Leute links und rechts der Straße einen Schlauch, durch den wir marschieren mußten. Ein begleitender SS-Mann, der eine Zeitlang neben mir marschierte, -ich befand mich auf dem linken Flügel- hatte mich auf die Verhältnisse in Buchenwald vorbereitet. Er sagte mir, daß es in Buchenwald keinen Kiesboden gäbe wie in Dachau, sondern nur lehmigen Waldboden. Man würde dort immer sehr schmutzige Schuhe bekommen. Diese Tatsache fand ich bald bestätigt.

Am Gehweg auf der linken Straßenseite stand die Bevölkerung, vorwiegend Frauen, dicht gedrängt, und beschimpften uns dauernd. Immer wieder riefen uns die Leute zu: «Macht, daß ihr nach oben kommt (Buchenwald), dort werden sie es euch schon besorgen». Sie mußten also gewußt haben, was in Buchenwald vor sich ging. Für uns als politische Häftlinge war dieses Erlebnis sehr deprimierend.

Doch ein kleiner Funken Zuversicht leuchtete bei mir auf, als nach grösserer Entfernung von der Stadt ein junger Mann bei günstiger Gelegenheit mir leise zuflüsterte:«Kopf hoch». Die Reihen der neugierigen Bevölkerung wurden immer lichter und hörten schließlich ganz auf.

Wir marschierten hungrig, durstig und müde weiter dem KZ Buchenwald zu. Endlich erreichten wir das Lager. Auf der Zugangsstraße marschierten wir dem Tor entgegen mit der Inschrift «Jedem das Seine», das wir noch oft passieren mußten. Im Lager angekommen, mußte der ganze Transport auf dem Appellplatz antreten und warten. Dabei konnten wir uns ein wenig in unserer künftigen Umgebung umsehen: Vor uns das niedere, aber breite Torgebäude, in der Mitte desselben ein Wachtturm aufgesetzt, darunter das Tor, links Büroräume für den Rapportführer und andere SS-Leute, rechts der Bunker (Arrest) mit dem brutalsten SS-Mann des Lagers, Oberscharführer Sommer, als Folterknecht. Der Appellplatz war nicht so eben wie in Dachau, er lag am Berghang. An seinem unteren Ende befanden sich 5 Holzbaracken nebeneinander im Halbrund, dahinter schlossen sich noch weitere 40 Holzbaracken und 5 Steinblöcke an. Der Zugang zu den Holzbaracken war direkt von der Straße aus, bei den Steinblocks für die unteren Stuben ebenfalls von der Straße aus, für die oberen im ersten Stock über eine Außentreppe. Die Holzbaracken waren einfacher und gröber als die in Dachau. Keine Eternitplatten, sondern nur Holz mit dunklem Anstrich, das Dachgebälk nicht verkleidet, die Bodenbretter rauh, die Häftlinge konnten mit den Schuhen in die Baracken gehen, bei den schlechten Bodenverhältnissen verständlich.

Nach langem Warten durften wir endlich abrücken. Beim Marsch zu den Baracken standen viele Buchenwälder Häftlinge Spalier, um nach Bekannten Ausschau zu halten. Plötzlich hörte ich den Ruf «Eugen»; als ich mich umsah, entdeckte ich in der Menge meinen Freund und Genossen Willi Bleicher. Das gab eine herzliche Begrüßung. Seit unserem illegalen Treff 1934 hatten wir uns nicht mehr gesehen. Da wir Dachauer keine Neuzugänge waren, und nur vorübergehend nach Buchenwald kamen, brauchten wir nicht die übliche Neuaufnahmezeremonie durchmachen. Wir hatten unsere Häftlingskleidung, allerdings noch die weißblaue Sommerkleidung, Drillich, während die Buchenwälder bereits die grau-blau gestreifte Winterkleidung trugen. Unsere Dachauer Häftlingsnummern behielten wir auch.

Wir von der Strafkompagnie kamen auch hier wieder in die Strafkompagnie. Im Gegensatz zu Dachau war die in Buchenwald nicht isoliert. Wir konnten außerhalb der Arbeitszeit wie die übrigen Häftlinge von Block zu Block gehen und auf der Lagerstraße spazieren. So war es mir möglich, am gleichen Abend mit Willi Bleicher zusammenzutreffen. Wir unterhielten uns über das in der Zwischenzeit Erlebte, Willi informierte mich über das Lagerleben. Er berichtete mir, daß wenige Tage vor mir der KPO-Genosse Ludwig Becker als Zugang eingetroffen sei. Bei Kriegsausbruch sei von den Nazis eine Aktion gestartet worden, um bekannte Funktionäre der Arbeiterbewegung in Schutzhaft zu nehmen, ohne daß eine «strafbare Handlung» ihrerseits vorgelegen hätte. Becker war bis 1933 in Schwenningen der 1. Bevollmächtigte der Verwaltungsstelle des Deutschen Metallarbeiterverbandes gewesen. Diese Schutzhäftlinge wurden auf dem Asperg zusammengezogen und dann Ende September gemeinsam nach Buchenwald gebracht. Hier trafen wir drei KPO-Leute uns wieder und konnten die illegale Arbeit im Lager nach Kräften unterstützen. Am nächsten Tag kam ich dann zum erstenmal mit Ludwig Becker in Buchenwald zusammen. Daraus entwickelte sich im Laufe der Zeit eine enge Freundschaft.

Von uns drei KPO-Leuten war nur ich in der Strafkompagnie. Aber in derselben war ich, wie in Dachau, weiterhin mit den beiden KPD-Leuten Waller und Pröll zusammen. Unsere Kameradschaft wurde auch hier fortgesetzt. In Dachau mußte die Strafkompagnie an Sonntagen nicht arbeiten und erhielt ihre Verpflegung genau so, wie das übrige Lager. In Buchenwald war dies anders. An Sonntagen mußten die Häftlinge in der Strafkompagnie, wie die Juden, bis 12 Uhr im Lager arbeiten. Für sie gab es kein Essen. Dafür mußten sie ab 12 Uhr auf dem Appellplatz antreten und stillstehen, bis abends der Befehl zum Abrücken kam. Dies dauerte je nach Laune der SS-Führung bis 7 oder 8 Uhr abends, manchmal noch länger.

Im Lager mußten wir sonntags Steine für den Straßenbau von der Sammelstelle im Lager zu den Lagerstraßen tragen, die gerade gebaut wurden. Eine weitere Sonntagsarbeit war das Bäumeschleppen. An den Wochentagen wurden von anderen Kommandos Bäume gefällt, weil das Lager immer vergrößert wurde. Unterhalb der Baracken war damals noch alles Wald.

Eines Sonntagmorgens marschierte unser Kommando, etwa 20 Mann stark, durch eine Lagerstraße in Richtung Wald, um Bäume zu schleppen. Da kam Willi Bleicher auf unser Kommando zu und ging zu dem Kapo, der auch ein Häftling war; er fragte nach der Häftlingsnummer von Waller und mir. Als der Kapo bestätigte, daß diese Häftlinge in seinem Kommando seien, erklärte ihm Bleicher, die beiden Häftlinge müßten mitkommen zur Effektenkammer, in ihren Effekten stimme etwas nicht. Willi Bleicher war im Kommando Effektenkammer beschäftigt; wir drei gingen aber nicht zur Effektenkammer, sondern auf den Block 37, auf dem Bleicher lag. Dort konnte jeder von uns beiden 3 Schläge Kartoffelsuppe essen. Die Häftlinge in diesem Block hatten damals noch genügend zu essen. Sie konnten zusätzlich in der Kantine einkaufen, was wir in der Strafkompagnie weder in Dachau noch in Buchenwald konnten. Von diesem Vorgang wußten wir vorher nichts; umsomehr waren wir zwei Ausgehungerte darüber erfreut. An diesem Sonntag fiel uns das Stehen auf dem Appellplatz leichter als sonst. Um dem Kapo keine Schwierigkeiten zu bereiten, mußten wir Punkt 12 Uhr wieder auf dem Appellplatz sein.

An den Wochentagen mußten wir nach dem Morgenappell aus dem Lager ausrücken zum Steinbruch. Was in Dachau die Kiesgrube war, dem entsprach hier in Buchenwald der Steinbruch. In diesem selbst arbeiteten vor allem Juden, aber auch andere Häftlinge, wie Neuzugänge oder solche, die bei der SS besonders aufgefallen waren. Eine schlimme Methode war es, manchen Häftlingen morgens zu sagen: Du kommst heute nicht mehr zurück. Meistens waren es politische Gründe. Das bedeutete für den Betreffenden das Todesurteil. Ihm blieb nichts anderes übrig, als in die um den Lagerbereich aufgestellte Postenkette zu laufen, um erschossen zu werden. Wenn der betreffende Häftling dies nicht tat, riß ihm ein SS-Mann die Mütze vom Kopf und warf sie über die Postenkette hinaus. Dann gab er ihm den Befehl, seine Mütze wieder zu holen. Dabei mußte der Häftling die Postenkette überschreiten. Damit war der Grund zum Erschießen gegeben. Offizielle Begründung: auf der Flucht erschossen; der SS-Mann bekam dafür eine Prämie.

Die unten im Steinbruch gebrochenen Steine mußte ein Judenkommando mit einer Lore nach oben schaffen. Es war schwer, diese vollgeladene Lore den steilen Hang hochzuziehen und zu schieben, dabei gab es dauernd Prügel auf diese entkräfteten Menschen. Diese Belastungen hielt bei der schlechten Ernährung keiner lange aus, dementsprechend war auch der Verlust an Menschen sehr groß. Die von der SS beabsichtigte Vernichtung von Häftlingen war unter diesen miserablen Verhältnissen für die SS sehr ergiebig. Die Lore wurde oben leergekippt. Von diesem Steinhaufen mußten wir mit Tragen — das waren viereckige Kasten mit zwei Tragholmen - die Steine außen am Lagerzaun entlang, aber immer noch innerhalb der Postenkette, an die Straßenbaustellen tragen. Hier wurde parallel zum Außenzaun um das ganze Lager eine Straße gebaut für Kontrollgänge der SS und als Zugang zu den 18 Postentürmen, die sich rund um das Lager befanden. Beim Laden dieser Tragen kam es uns darauf an, die Steine so geschickt zu setzen, daß die Tragen nach außen gut gefüllt aussahen, aber innen viel Hohlraum hatten, damit sie nicht so schwer wurden. Mit der Zeit entwickelten wir eine gute Ladetechnik. Eugen Waller und ich gingen immer gemeinsam mit einer Trage, er hinten, ich vorne. Da er etwas schwächer war, verschaffte er sich eine starke Schnur, die er unter der Jacke über die Schultern und durch die Ärmel hindurch zu den Handgelenken führte und dort mit Schlaufen befestigte. Auf diese Weise konnte er seine Hände ein wenig entlasten, denn die Tragen waren schwer, und wir mußten sie den ganzen Tag tragen. Er mußte nur aufpassen, daß die SS nichts merkte, denn diese Traghilfe war verboten. Es war auch verboten, beim Rückweg mit der leeren Trage normal zu gehen - hier war Laufschritt vorgeschrieben.

Eines Tages waren wir mit unserer leeren Trage auf dem Rückweg und gingen an der Außenseite des Torgebäudes entlang, als plötzlich der erste Lagerführer, Sturmbannführer Rödl, herauskam und uns normal gehen sah. Er ergriff einen Besen, der gerade ans Haus gelehnt war, und mit dem Besenstiel schlug er auf uns beide ein; wir sofort im Laufschritt los, um aus der Gefahrenzone zu kommen. Waller hatte die meisten Schläge abbekommen, da er hinten ging, ich kam mit weniger davon. Bei dieser Tätigkeit gab es immer Prügel, bei den einen, weil sie für die Begriffe der SS zu wenig oder zu kleine Steine geladen hatten, bei den andern, weil sie ihre Last zu oft absetzten oder zu langsam gingen. Die Juden, die hier ebenfalls beschäftigt waren, hatten unter den prügelnden SS-Leuten besonders zu leiden. Unter diesen Bedingungen kamen auch wir beide nicht immer ungeschoren davon, obwohl wir stets Ausschau nach SS-Leuten hielten, um die drohende Gefahr rechtzeitig zu erkennen.

Diese mühsame Arbeit mußten wir Tag für Tag leisten. Sie war nicht nur schwer, sie war auch gefährlich. Wir befanden uns doch außerhalb des elektrisch geladenen Stacheldrahtzauns, aber noch innerhalb der Postenkette. In diesem Bereich saß der Abzughahn der SS lockerer als anderswo. Auf der Innenseite des Lagerzaunes war noch ein etwa 1 Meter breiter Stacheldrahtverhau angebracht, damit der Zaun für Häftlinge unüberwindlich wurde. Um die Sicherheit des Lagers gegenüber eventuellen Ausbrüchen zu gewährleisten, waren sämtliche Postentürme mit Maschinengewehren ausgestattet. Die SS besetzte Tag und Nacht die Postentürme; das Lager wurde nachts durch Scheinwerfer beleuchtet, die bei Fliegeralarm ausgeschaltet wurden.

15. Die Polen kommen

Im Oktober 1939 wurden die ersten Polen ins Lager eingeliefert. An der Art, wie sie von der SS empfangen wurden, merkten wir schon, daß diese

Menschen das Schlimmste zu erwarten hatten. So kam es auch. Anstelle der üblichen Desinfektion in der Effektenkammer wurde auf dem Appellplatz ein großer Bottich mit Desinfektionsmittel aufgestellt. Nun mußten sich die Polen im Freien nackt ausziehen und einer um den andern in diesen Bottich steigen. Dies konnte ich vom Lagerzaun aus beim Steinetragen beobachten. Damals war es im Oktober, besonders oben in Buchenwald, sehr kalt. Nachdem sie die weiteren üblichen Zugangsmaßnahmen hinter sich gebracht hatten, wurden sie in ein kleineres Lager gebracht. Das waren vier Zelte, die auf dem Appellplatz aufgestellt waren und mit einem Stacheldrahtzaun innerhalb des Lagers zusätzlich umgeben wurden. Es war ersichtlich, daß die SS für die Zeltinsassen eine Sonderbehandlung vorgesehen hatte.

Ein Teil der in diesem kleinen Lager befindlichen Polen mußte nach dem Morgenappell, wie wir, zum Steinetragen ausrücken. Während wir die Steine mit der Trage zu transportieren hatten, mußten die Polen einzelne, aber schwere Steine auf der Schulter tragen. Für die SS-Leute konnten die Steine nicht groß und schwer genug sein; sie schlugen auf die Polen unbarmherzig ein, noch schlimmer als bisher bei den Juden. Oft habe ich gesehen, wie SS-Leute unter der schweren Last zusammengebrochene Polen geschlagen haben, bis sie mit größter Mühe und Anstrengung wieder aufstanden, den Stein wieder aufnahmen, um gleich wieder zusammenzubrechen. Beim Steinetragen habe ich nur einmal gesehen, daß ein SS-Posten nicht schoß, als ein polnischer Häftling auf die Postenkette zuging, seine Jacke aufriß und seine Brust zum Erschießen anbot, weil er dieses Leben nicht mehr ertragen konnte.Der für diesen Bereich zuständige SS-Rottenführer ging sofort auf den Posten zu, entriß ihm wütend sein Gewehr und erschoß den Polen.

Ein andermal sah ich bei unserem Steineschleppen, wie ein Häftling innerhalb des Lagers im Stacheldrahtverhau vor dem eigentlichen Lagerzaun hing, er war nicht tot, er bewegte sich noch. Offenbar wollte er Schluß machen und konnte den elektrischen Zaun nicht mehr erreichen. Der SS-Mann auf dem Postenturm erschoß ihn mit einer Maschinengewehrsalve. Dies waren furchtbare Brutalitäten, wie ich sie bisher im KZ noch nicht erlebt hatte, die viele Opfer forderten. Man sieht solche grausamen Vorgänge, man ist entrüstet, empört, und steht solchen Situationen völlig hilflos gegenüber.

Der zurückgebliebene Teil der auf dem Appellplatz in dem Zelt untergebrachten Polen hatte es noch schlimmer. Diese mußten buchstäblich verhungern und erfrieren. Sie bekamen kein Essen, keine warme Kleidung - trotz strenger Kälte. Mit voller Absicht wurde der Tod dieser Menschen herbeigeführt. Die SS hatte sie zu Heckenschützen erklärt; deshalb mußten sie diesen grausamen Tod sterben. Wenn wir morgens zur Arbeit ausrückten, mußten wir an diesem kleinen Lager vorbei. Da standen sie am Zaun, die zu Skeletten abgemagerten Menschen, mit ihren hohlen Augen, mit ihren hilfesuchenden Gebärden, und wir marschierten an ihnen vorbei, ohne ihnen helfen zu können. Jeden Tag waren es weniger — immer mehr Opfer menschlicher Grausamkeit, die für normale Menschen unfaßbar ist.

16. Der Racheakt

Für uns Häftlinge in der Strafkompagnie ging es im bisherigen Tempo des Steinetragens weiter. Es mußten noch viele Lagerstraßen, und nicht zuletzt der Appellplatz, ausgebaut werden. Letzterer hatte nur einen Schotterbelag, der sehr holprig und schmutzig war. Nach dem Morgenappell mußten die Häftlinge zu ihren Arbeitskommandos; jedes hatte eine bestimmte Sammelstelle auf dem Appellplatz. Dort übernahm der Kapo(Häftling) das Kommando, das bis zum Appell der Blockälteste (Häftling) hatte. Dann ging es mit Musik, das Buchenwaldlied auf den Lippen, zum Tor hinaus, an die Arbeitsplätze. Die Musikkapelle bestand aus etwa einem Dutzend Häftlingen, die eine rote Uniform trugen, ähnlich wie Zirkuspersonal. Die Musikanten hatten verschiedene Musikinstrumente, mit denen sie nicht ganz die Qualität eines Radioorchesters erreichten. Der SS kam es hauptsächlich auf den Lärm an und nicht zuletzt darauf, ein freundliches Gesicht vorzutäuschen. Uns Häftlingen war es nicht nach Singen zumute, besonders dann nicht, wenn es von der SS befohlen wurde. Nach einem harten Tag, ausgefüllt mit schwerer Arbeit, rückten abends die Arbeitskommandos wieder ins Lager ein. Jeder Häftling mußte einen Stein auf der Schulter mitbringen und auf der Sammelstelle im Lager ablegen. Wenn der Stein zu klein war, konnte der Häftling schon am Tor Prügel bekommen, oder gar eine Meldung. Nicht nur Steine brachten die Arbeitskommandos mit, häufig wurden auch Kranke, Verletzte und tote Häftlinge zum Appell mitgeschleppt; denn die Häftlingszahl mußte stimmen. Vorbei war es mit dem freundlichen Gesicht vom Morgen.

Im Winter mußte der Lagerälteste (Häftling) um 6 bis 7 Uhr zum Wecken pfeifen, im Sommer schon um 4 bis 5 Uhr. Ich denke noch heute mit Grausen daran, wie wir Dachauer Häftlinge im Winter 1939-40 in der Frühe bei strenger Kälte, in Sommerkleidung ohne Mantel, auf dem Appellplatz standen und arg froren. Da wir immer noch zum Konzentrationslager Dachau gehörten, bekamen wir in Buchenwald weder Kleider noch Schuhe, lediglich die Verpflegung und natürlich die Prügel wurden vom Lager Buchenwald gestellt.

Wie alle Häftlinge bekamen wir morgens einen schwarzen Kaffee-Ersatz und ein Stückchen Brot, zum Mittagessen einen Liter Suppe und abends ein Stück Brot, ein Stückchen Margarine und etwa 100 g Wurst. Die Thüringer Rotwurst bestand aus Blut und Euter, die Leberwurst aus zweifelhaften Zutaten mit wenig Leber. Die Verpflegung war für diese Arbeit, noch dazu unter den erschwerten Bedingungen, absolut ungenügend. Kein Wunder, daß bei uns in der Strafkompagnie die Ruhr ausbrach. Auch ich wurde davon erfaßt. Der ganze Block wurde isoliert; kein Häftling durfte den Block verlassen. Die Appelle wurden auf dem Block durchgeführt. Dazu kam der Blockführer (SS) auf den Block und nahm den Appell ab. Durch das Krankenrevier wurde veranlaßt, daß laufend Stuhlproben bei den Häftlingen gemacht wurden.

Durch diese Epidemie veranlaßt, richtete das Revier eine zusätzliche Baracke für die Ruhrkranken ein. Da sich mein Zustand nicht besserte, wurde auch ich in diese Baracke eingeliefert. Dort bekamen wir nur ungesalzenen Haferflockenbrei. Es war ein fades Essen. Außerdem wurde uns auch Medizin verabreicht. Der Revierkapo Walter Krämer kam laufend zu uns in die Baracke und kümmerte sich um jeden einzelnen. Die Häftlinge, die schon länger im Lager waren, erzählten, daß dieser Kapo ein tüchtiger Sanitäter sei, obwohl er von Beruf Eisendreher war. Er soll auch Operationen durchgeführt haben. Später, als ich wieder gesund war, erfuhr ich, daß Walter Krämer ein leitender Mann in der illegalen politischen Führung war. Im November 1941 wurde er und sein Stellvertreter Peix, ebenfalls ein Politischer, von der SS erschossen. Sie wollten damit den politischen Häftlingen zwei führende Kameraden nehmen und sie gleichzeitig vor politischem Zusammenhalt warnen.

Die Isolierung der Strafkompagnie wurde wegen der Ruhrepidemie weiterhin aufrecht erhalten; wir mußten immer noch auf dem Block bleiben. Etwa Mitte November 1939 kam der Hauptscharführer Planck, der mit uns von Dachau nach Buchenwald gekommen war, zusammen mit einem anderen Scharführer, den ich noch nicht kannte, auf unseren Block und befahl: «Sämtliche Juden in der Lagerstraße zwischen den Blocks antreten.» Auf unserem Block lagen nur einige jüdische Häftlinge, u.a. der Blockschreiber und der Blockfriseur. Beide gehörten zum Stubendienst. Anschließend gingen die beiden SS-Leute auf den gegenüberliegenden Judenblock, der ebenfalls isoliert war, und gaben dort denselben Befehl.

Als alle jüdischen Häftlinge angetreten waren, wählten sich die zwei SS-Leute 21 Juden aus, darunter auch unseren Blockschreiber Herbert Deutsch, ein netter und hilfsbereiter junger Mann. Nun mußten die 21 in einer Gruppe über den Appellplatz zum Tor marschieren. Dort standen sie einige Zeit vor dem Zimmer des Rapportführers. Ich konnte dies vom Block aus durchs Fenster beobachten, weil unser Block in der ersten Blockreihe zum Appellplatz lag. Auch die anderen Kameraden konnten diesen Vorgang beobachten, wenn sie sich am Fenster vorsichtig zurückhielten. Jetzt wurde im Block gerätselt, was dieser Vorgang wohl zu bedeuten habe. Sollten diese ausgewählten Häftlinge vielleicht zu einer Strafarbeit oder zum Strafexerzieren kommandiert werden, aber warum wohl? Keiner wußte es. Doch bald klärte sich die Situation. Die 21 Juden wurden durchs Tor geführt, dann rechts am Bunker vorbei Richtung Steinbruch. Kurze Zeit später krachten Schüsse. Jetzt wußten wir, was geschehen war; die 21 wurden erschossen. Wir Häftlinge im Block waren tief bewegt. Vor einer Stunde saß unser Blockschreiber noch mitten unter uns, jetzt ist er tot, wie die anderen 20 Häftlinge. Die 21 jüdischen Häftlinge wurden als Vergeltung erschossen, weil am 8. November 1939 bei einem von dem Arbeiter Georg Elser (kein Jude) verübten Attentat auf Hitler im Bürgerbräukeller in München 7 Nazis umkamen, während Hitler durch die vielzitierte «Vorsehung» schadlos davonkam. Der mutige Führer hatte - wie üblich - aus «Sicherheitsgründen», aus Angst seinen Zeitplan kurzfristig geändert und die Veranstaltung früher als geplant verlassen.

17. Raus aus der Strafkompagnie

Ende November war die Ruhrepidemie vorüber, die Isolierung wurde aufgehoben. Wir mußten jetzt wieder zur Arbeit ausrücken. Wieder gingen wir mit unseren Tragen los zum Steinetragen. Es wurde immer kälter und schneite zeitweise, was für uns die Arbeit noch mehr erschwerte. So plagten wir uns noch bis zum Ende des Jahres. Anfang Januar 1940 wurden wir Dachauer Häftlinge vom Lager Buchenwald übernommen. Die bisherige Absicht, uns wieder nach Dachau zurückzutransportieren, wurde damit hinfällig.

Jetzt bekamen wir in der Häftlingskammer Winterkleidung, wie die Buchenwälder Häftlinge, gleichzeitig auch andere Häftlingsnummern. Ich erhielt die Nummer 7348. Durch diesen Vorgang wurde unsere Situation ein wenig verbessert. Aber Steine mußten wir als Strafkompagnie weiterhin tragen, mit all den plagenden Willkürakten der SS wie Prügel, Laufschritt und ähnliches. Nach der Eingliederung ins Lager Buchenwald mußten wir Dachauer Häftlinge der Strafkompagnie auf dem Appellplatz antreten. Dann kam der erste Lagerführer, Sturmbannführer Rödl, und fragte jeden einzelnen, warum er hier sei. Beim Antworten kam es vor allen Dingen darauf an, eine zackige, wahrheitsgemäße Antwort zu geben. Wer zögernd oder verschwommen einen Grund angab, durfte nicht vortreten. Am schlimmsten war es, zu sagen, man wisse es nicht. Darauf gab es eine kräftige Ohrfeige samt entsprechenden Beschimpfungen. Diese Art zu antworten war ungeschickt: sie ließ die Schlußfolgerung zu, daß die SS Unschuldige einsperre. Dies durfte man nicht sagen, nur denken. Meine Freunde Waller, Pröll und ich sagten schneidig:«wegen Vorbereitung zum Hochverrat». Darauf durften wir, wie noch weitere Häftlinge, vortreten. Dies bedeutete nach 3/4 Jahren raus aus der Strafkompagnie.

Solange wir noch in der Strafkompagnie waren, konnte von außerhalb nichts für uns getan werden. Jetzt, nachdem wir für eine andere Arbeit zur Verfügung standen, konnte die Arbeitsstatistik uns für ein geeignetes Kommando empfehlen. So wurde meinem Freund Waller und mir angeboten, uns in der Häftlingsküche vorzustellen. Dagegen hatten wir gewisse Bedenken, weil der Küchenchef beim Essenholen immer mit einem Ochsenziemer auf die Häftlinge einschlug. Das Essenholen wurde noch dadurch erschwert, daß damals wegen Bauarbeiten in der Häftlingsküche auf der unteren Seite eine provisorische Holztreppe angebracht war. Deshalb ging der Transport der vollen Essenkessel mit 30 oder 50 Liter Inhalt langsamer vor sich als erwünscht, was immer wieder zu Schlägen auf die Essenholer führte. Wir beide hatten dies aus eigener Erfahrung kennengelernt. Trotzdem hatten wir uns entschlossen, zur Vorstellung zu gehen. Außer uns wurden von der Arbeitsstatistik noch weitere Häftlinge gemeldet. Der Küchenchef wünschte mehr Häftlinge zur Vorstellung als benötigt wurden, damit er auswählen konnte.

Zur festgesetzten Vorstellung erschienen dann 8 oder 10 Häftlinge, 3 wurden nur benötigt. Wir mußten nun in einer Reihe antreten, der Küchenchef kam mit dem Kapo, einem politischen Häftling, und musterte uns, stellte einige Fragen und wandte sich dann an den Kapo: Was meinst Du? Letzterer deutete dann auf Waller und mich und noch einen politischen Häftling aus Sachsen. Der Küchenchef akzeptierte den Vorschlag des Kapos. Damit gehörten wir jetzt zum Kommando Häftlingsküche.

Es war kein Zufall, daß der Kapo uns drei vorschlug. Ihm waren unsere Häftlingsnummern von der Arbeitsstatistik schon vorher mitgeteilt worden. Die illegale politische Leitung war daran interessiert, in den wichtigen Kommandos zuverlässige politische Häftlinge zu haben, die bereit waren, ihre Möglichkeiten im Kommando zum Wohle des ganzen Lagers zu nutzen. In der Häftlingsküche kam es nicht so sehr darauf an, einschlägige Kenntnisse im Küchenbetrieb zu besitzen, wichtiger war es, ein hohes Verantwortungsgefühl für die Belange aller Häftlinge zu haben. Es war für uns eine Verpflichtung, die Lebensmittel so gut wie möglich zu verwerten und so gerecht wie möglich zu verteilen.

Nicht nur die illegale politische Leitung war an politischen Häftlingen in wichtigen Kommandos interessiert; auch die SS-Leute als Kommandoführer hatten ein Interesse an Häftlingen, die zuverlässig, sauber und charakterlich in Ordnung waren. Zum einen wollten sie eine gute und reibungslose Arbeit ihres Kommandos haben, zum andern legten sie Wert darauf, nach oben nicht aufzufallen. Um diese Ansprüche zu befriedigen, mußten sie vorwiegend auf politische Häftlinge zurückgreifen, denn die Grünen («Berufsverbrecher») boten dafür keine Gewähr. So kam es, daß in verschiedenen Innenkommandos nur politische Häftlinge beschäftigt wurden, z.B. Krankenbau, Baubüro, Effektenkammer, Häftlingskammer, Gerätekammer, Wäscherei, Häftlingsküche, Schreibstube, Arbeitsstatistik und noch einige.

18. In der Häftlingsküche

Wie schon erwähnt, war der Kapo in der Häftlingsküche ein Politischer aus Halle, ein Arbeitersportler namens Erich Vogt. Er trug keine Armbinde, was im allgemeinen bei Innenkommandos üblich war; denn sie hatten nur selten im Lager zu tun. Er war zu uns Neulingen freundlich und hilfsbereit, man spürte die Verbundenheit des Politischen, obwohl er mit politischen Grundsatzfragen nicht behelligt werden wollte. Er fühlte sich eben zur Arbeiterbewegung gehörig. Das Kommando umfaßte damals etwa 25-30 Mann. Es waren 12 Kochkessel mit je 1. 000 Liter und 6 Kaffeekessel ebenfalls mit je 1. 000 Liter Inhalt zu bedienen. Hinzu kamen noch 2 kleinere Kochkessel mit je 500 Liter Inhalt, alle mit Dampfheizung. Ein großer elektrischer Herd sowie 2 elektrische Kippbratpfannen standen ebenfalls zur Verfügung. Dies war die technische Ausrüstung der Häftlingsküche.

Der Küchenchef, Oberscharführer Heinz Schmidt aus Leipzig, teilte uns Neulinge zur Arbeit ein. Waller und Alex, der Sachse, kamen in die Spülküche. Dort mußten sie die Essenkessel, die zum Transport des Essens verwendet wurden, spülen. Es handelte sich um eine große Zahl Dreißigliterkessel mit einem Aluminiumeinsatz und Deckel, und eine kleinere Anzahl offene eiserne Kessel mit 50 Liter Inhalt, die früher einmal verzinnt waren. Mir wurde die Bedienung der 6 Kaffeekessel übertragen. Dazu gehörte auch die Reinigung derselben. Wenn diese Arbeit erledigt war, mußte ich mich an allgemeinen Küchenarbeiten beteiligen, wie Kochkessel füllen, das gekochte Fleisch in kleine Stücke schneiden - das mußte damals noch von Hand gemacht werden, später erhielten wir einen Fleischwolf - wenn das Essen fertig war, war es in die Transportkessel abzufüllen. Nach der Essenausgabe mußten die Kochkessel gereinigt und innen eingefettet werden. Anschließend rief der Kapo: «Alle

Mann»; dann traten alle mit ihren Schrubbern an und reinigten den mit Fliesen ausgelegten Küchenboden.

Insgesamt betrachtet ging es in der Küche sauber zu. Wir Häftlinge waren sehr daran interessiert, daß Reinlichkeit groß geschrieben wurde. Auf Veranlassung des Krankenreviers wurden öfter von uns Küchenhäftlingen Stuhlproben genommen und auch Impfungen durchgeführt; damit wurde für die notwendige Hygiene vorgesorgt.

Die Arbeit in der Häftlingsküche war doch etwas leichter als das Steinetragen zuvor. Wir waren im Trockenen und in der Wärme. Und was wichtig war: wir brauchten zum Appell nicht mehr auf dem Appellplatz antreten; der Appell wurde in der Küche durchgeführt. Wir zählten jetzt zu den Kommandierten. Der Küchenchef und sein Stellvertreter, Unterscharführer Julius Schmitt, waren für uns in der Küche eher erträglich als für Häftlinge außerhalb der Küche, die beim Essenholen öfter Schläge bekamen. Hier zeigte es sich deutlich, wie groß der Unterschied war, wenn man zu einem kleineren Kommando gehörte, wo der Kommandoführer den Häftling kannte, und auch umgekehrt. Wo sich jeden Tag die gleichen Personen begegnen, konnte sich eher ein persönliches Verhältnis entwickeln als in einem großen Kommando, in dem der einzelne Häftling anonym, eine Nummer blieb.

In der ersten Zeit hatten wir etwa 6 000 -7 000 Häftlinge zu verpflegen. Wir kamen mit der Einrichtung der Küche gut zurecht. Mit Lebensmitteln wurden wir zunächst befriedigend versorgt, es gab noch Fleisch, Fett und manchmal Speck. Erbsen, Kartoffeln, Weißkraut und Steckrüben standen ebenfalls auf dem Speisezettel. Solange wir noch Fett bekamen, konnten wir ein annehmbares Essen kochen. Für die meisten Kameraden im Lager war es nur zu wenig. Für den Häftling war 1 Liter vorgesehen, das reichte für den langen und schweren Arbeitstag bei strenger Kälte nicht aus. Was die Häftlinge morgens und abends zum Essen hatten, war auch völlig ungenügend, um die Anstrengungen und Widrigkeiten des Lagers überstehen zu können. Hunger und Kälte haben deshalb die meisten Opfer gefordert.

Außer dem Lageressen wurde in der Häftlingsküche auch die Diät für den Krankenbau gekocht. Dazu erhielten wir Zucker, im Gegensatz zu Dachau, wo die Diät mit Süßstoff gekocht wurde. Es machte sich bemerkbar, daß es in Mitteldeutschland viele Zuckerfabriken gab. Deshalb erhielten die Häftlinge in Buchenwald manchmal statt Wurst Sirup, was es in Dachau nie gegeben hatte. Als Diät wurde Grießbrei, Reisbrei und häufig Kartoffelbrei gekocht, seltener Kakao. Es wurden etwa 250 - 300 Liter benötigt. Dazu erhielten wir etwa 20 - 30 Liter Milch, für den Rest mußte Wasser zugesetzt werden.

Bei dieser Gelegenheit möchte ich ausdrücklich betonen, daß wir die Diät einwandfrei ohne Absahnen an den Krankenbau geliefert haben. Es war beim Lageressen wie auch bei Lebensmitteln unser Grundsatz: keiner darf etwas aus der Küche schaffen. Darauf haben wir alle geachtet. An die wichtigen Lebensmittel war nicht leicht heranzukommen. Sie lagen im Magazin, das für uns nicht zugänglich war. Von dort bekamen wir nur die für den jeweiligen Tag benötigten Mengen. Kleine Stücke Fleisch, etwas Wurst und Margarine waren in unserem verschlossenen Kühlraum untergebracht worden, um jederzeit Marschportionen für kleine Transporte aus dem Lager bereitstellen zu können. Den Schlüssel dazu hatte der Metzger, ein Bibelforscher, der scharf darüber wachte, daß ohne Genehmigung des Küchenchefs nichts entnommen wurde.

Die Arbeit in der Küche war so organisiert, daß jeder Häftling seinen Tätigkeitsbereich hatte. An der Spitze stand der Kapo, der die Appelle in der Küche durchführte und dem Küchenchef Meldung erstattete. Letzterer gab die Meldung telefonisch dem Rapportführer weiter. Der Kapo hielt die Verbindung zum Küchenchef aufrecht, beide kümmerten sich aber wenig um den inneren Ablauf der Küchenarbeit. Der Stellvertreter des Kapos, Heinrich Plum, ein politischer Häftling aus Krefeld, hatte für das Funktionieren im Kommando zu sorgen. Mit ihm hatte ich ein enges freundschaftliches Verhältnis, obwohl er der KPD angehörte. Seine theoretischen Kenntnisse gaben mir oft Veranlassung, sachliche Diskussionen mit ihm zu führen. Leider wurde er plötzlich sehr krank und mußte ins Revier, wo er bis zur Befreiung des Lagers verblieb. Dort habe ich ihn oft besucht und jedesmal mit Einverständnis des damaligen Küchenchefs, Unterscharführer Hübscher, einen Würfel Margarine mitgebracht. Normalerweise hätte Heinrich Plum nach Auschwitz zur Vergasung abtransportiert werden sollen, aber die politischen Kameraden im Revier haben ihn durch Manipulationen davor retten können. Regelmäßig sind nämlich unheilbar Kranke, da nicht mehr arbeitsfähig, beim nächsten Transport nach Auschwitz gegangen.

Wie aus dem zuvor Geschilderten zu ersehen ist, hatte es bei den Küchenchefs und ihren Stellvertretern in der Zwischenzeit einen Wechsel gegeben. Zeitweise hatten wir einen Deutschrumänen als Stellvertreter, der aber von Hitler nicht viel wissen wollte; vermutlich wurde er in diese Funktion gezwungen. Mit ihm konnte ich offen über politische Fragen reden. Nicht nur bei der SS hatte es in der Küche Änderungen gegeben, auch bei uns Häftlingen mußte die Lücke des Kapostellvertreters ausgefüllt werden. Küchenchef und Kapo haben mir zu dieser Aufgabe geraten, die ich bis zur Befreiung zu bewältigen hatte. Zu dem Küchenchef, Unterscharführer Hübscher hatte ich unter den gegebenen Umständen ein gutes Verhältnis. Er war kein Draufgänger wie der frühere Chef. Als Stellvertreter des Chefs hatten wir jetzt einen jungen Unterscharführer, der kaum richtig Deutsch konnte. Von unserer Arbeit verstand er nichts, und der Küchenchef nicht viel, unter diesen Bedingungen konnten wir die Häftlingsselbstverwaltung in der Küche weitgehend verwirklichen.

In meiner neuen Funktion als Stellvertreter des Kapos brauchte ich keine Nachtschicht mehr zu machen. Zuvor war ich Schichtführer, also verantwortlich für meine Nachtschicht gewesen, die aus drei oder vier Häftlingen bestand, die wechselweise abends nach dem Appell zur Nachtarbeit in der Küche antraten. Dabei mußten die Kessel rechtzeitig zur Beheizung angestellt, anfallende Vorbereitungsarbeiten ausgeführt und der ungesüßte Kaffee-Ersatz in die Transportkessel abgefüllt werden. Diese Arbeiten dauerten bis zum Morgenappell. Danach durfte die Nachtschicht abrücken und zum Schlafen auf den Block der Kommandierten gehen. Das Schlafen war dort nicht leicht. Auf den Lagerstraßen brüllten die SS-Leute und die Kapos mit ihren Kommandos herum, was für die Häftlinge der Nachtschicht sehr störend war.

Vor dem Morgenappell mußte ich wie die übrigen Küchenhäftlinge in der Küche sein. Zuerst mußte der bereitgestellte Kaffee blockweise ausgegeben werden, anschließend wurden die Kochkessel gefüllt. Dabei mußte ich darauf achten, daß in jeden Kochkessel die gleiche Menge eingefüllt und das Wasser auf den richtigen Stand eingelassen wurde. Wenn alle Kochkessel fest verschlossen waren, gab ich das Kommando zum Öffnen der Dampfventile. Von jetzt an wurde das Kochen für alle Kessel nach Kommando ausgeführt. Zur gegebenen Zeit ließ ich die Ventile schließen und nach einer kürzeren Wartezeit die Deckel öffnen. Dank meiner langen Tätigkeit in der Küche wußte ich, wann es soweit war und die Kommandos gegeben werden mußten.

Nun ging es ans Rühren. Dazu hatten wir Rührscheite (Kochlöffel), etwa 2 m lang und so dick wie ein Männerarm. Da die Kochkessel sehr hoch waren, standen die Kesselleute auf einer zweistufigen Kesselbank. Das Rühren war eine schwere Knochenarbeit, da das Kochgut fest im Kessel saß und vorsichtig gelockert werden mußte. Da ich nach der Bedienung der 6 Kaffeekessel lange Zeit an einem Kochkessel tätig war, wußte ich über diese Tätigkeit Bescheid. Wenn der Kesselinhalt nach einem leichten Weiterkochen und Rühren gleichmäßig genug war, hatten wir früher, als wir noch Fett und Fleisch bekamen, in den Kippbratpfannen eine Mehlschwitze vorgerichtet und dem Essen als Bindemittel beigegeben.

Nun mußte das fertige Essen unter dauerndem Rühren in die Transportkessel abgefüllt werden. Diese wurden dann blockweise aufgestellt und von den Stubendiensten oder auch von einzelnen Kommandos abgeholt.

Diese Aufstellung hatte ich anhand einer Meldung über die Belegung der einzelnen Blocks oder Kommandos, die ich von der Schreibstube täglich bekam, zu überwachen. Der Stubendienstkapo, der zum Essen und Kaffeeholen alle Stubendienste zu kommandieren hatte, erhielt denselben Plan wie ich für die Reihenfolge der Blocks. Daher ging die Essenausgabe reibungslos vor sich. Bei 50 oder 60 Blocks kamen einige hundert Häftlinge des Stubendienstes zusammen. Der Küchenchef Hübscher stand bei der Essenausgabe meistens dabei, ohne jedoch Stubendiensthäftlinge zu schlagen, wie das der frühere Küchenchef Heinz Schmidt öfter getan hatte, womit er die Essenausgabe nur störte.

Um das Bild über den Küchenbetrieb vollständig zu machen, möchte ich noch erwähnen, daß im Untergeschoß der Häftlingsküche das Kommando Kartoffelschäler untergebracht war. Hier wurden meist Invaliden, Gehbehinderte, Schwächlinge und ältere Häftlinge beschäftigt, weil die anfallenden Arbeiten vorwiegend im Sitzen verrichtet werden konnten. Dort wurden die Kartoffeln geschält und in kleine Stücke geschnitten, alsdann in ein mit weißen Fliesen ausgelegtes großes Bassin geworfen. Dieses wurde mit Wasser gefüllt, um die Kartoffeln frisch zu halten, bis sie gebraucht wurden. Ähnlich wurde mit Steckrüben, Weißkraut und anderem Gemüse verfahren. Wenn Pellkartoffeln gekocht werden sollten, wurden sie vom tiefen Kartoffelkeller geholt, der sich zwischen Häftlingsküche und Wäscherei befand, in der Schälküche gewaschen und in die Küche hochtransportiert, anfangs zu Fuß, später mit einem Aufzug. Diesem Kommando, das nicht für ständige Arbeit abkommandiert war, also zum Appell auf den Appellplatz mußte, stand ein Kapo vor, mit dem ich wegen der Termine laufend Kontakt halten mußte, gleichermaßen mit dem Magazin.

19. Die Kriegsfolgen

Die Kriegsereignisse wirkten sich auch bei uns immer stärker aus. Jetzt kamen nicht mehr nur Deutsche ins Lager, sondern auch Angehörige vieler anderer Nationen. Da kamen Franzosen, Belgier, Holländer und Luxemburger, später weitere Polen, Tschechen, Ungarn, Zivilrussen und nicht zuletzt auch russische Kriegsgefangene. Die Häftlingszahl stieg fortlaufend weiter an, die Schwierigkeiten in der Häftlingsküche wurden immer größer; nicht nur die Lebensmittel wurden knapper, Fett gab es nicht mehr, Fleisch nur noch selten, auch die Transportkessel reichten nicht mehr aus.

Früher waren 40-45 Blocks zu versorgen, mit der Zeit wurden es über 60 Blocks und mehr Kommandos. Öfter mußten wir veranlassen, daß der

Rapportführer durch die Lautsprecheranlage, an die alle Blocks und Kommandos im Lager angeschlossen waren, die Aufforderung durchgab, leeres Geschirr sofort zur Küche zu bringen. Ferner reichte die bisherige Küchenbelegschaft nicht mehr aus; es mußten weitere Häftlinge eingestellt werden. Reichsdeutsche politische Häftlinge standen nicht mehr viel zur Verfügung, sie waren meist schon anderweitig beschäftigt. So mußte auf ausländische Häftlinge zurückgegriffen werden. Juden kamen grundsätzlich nicht in Frage.

So bekamen wir eine internationale Küchenmannschaft zusammen. Da waren Franzosen, Holländer, Belgier, Österreicher, Jugoslawen, Tschechen, Polen, Zivilrussen, je 1 Spanier, Italiener und Luxemburger, sodaß allmählich 50-60 Häftlinge in der Küche beschäftigt waren. Trotz dieser vielen Nationen konnten wir uns alle verständigen. Diese Ausländer waren meist junge Menschen, die schnell die wichtigsten deutschen Worte begriffen und verstanden. Sie merkten bald, daß es in einem deutschen Konzentrationslager wichtig war, die deutsche Sprache ein wenig zu beherrschen. Mit diesen neuen Kameraden bin ich gut zurechtgekommen. Sie haben sich schnell den gegebenen Verhältnissen angepaßt und unter sich vertragen, bis auf einen Fall, in dem sich zwei Häftlinge verschiedener Nationen eine kleine Schlägerei geleistet hatten. Beim Appell hatte der Küchenchef auf diesen Vorfall Bezug genommen und sinngemäß gesagt «ihr seid doch alle Häftlinge, gleichgültig, ob Franzose, Russe oder Deutscher, deshalb vertragt euch in Zukunft.» Dieser Ausspruch bewies uns, daß der Einfluß von uns deutschen Häftlingen auf den Küchenchef gewirkt hatte. Bei Diskussionen mit ihm hatten wir öfter die Frage gestellt, ob er eine Minderwertigkeit bei den Häftlingen der östlichen Nationen festgestellt habe, was er verneinte.

Ein junger Zivilrusse war unser Kommandofriseur; er mußte alle Häftlinge rasieren und die Haare schneiden. Ein älterer deutscher politischer Kamerad war als Schuhputzer tätig. Dieser mußte vor allem Schuhe und Stiefel der SS auf Hochglanz polieren, zudem dafür sorgen, daß wir Küchenhäftlinge gute Schuhe hatten. Um uns regelmäßig mit Wäsche und Kleidung zu versorgen, hatten wir einen Kalfaktor, einen deutschen Politischen, der diese Aufgabe sehr gewissenhaft erledigte. Zur körperlichen Reinigung hatten wir im Untergeschoss neben einem Aufenthaltsraum einen Duschraum; warmes Wasser stand dort immer zur Verfügung. Da diese Einrichtung von den Häftlingen halblegal, wie vieles andere, geschaffen wurde, ist sie sehr einfach ausgefallen. Immerhin war sie für uns sehr nützlich. Solche verhältnismäßig günstigen Bedingungen gab es in anderen Kommandos oder Blocks nicht. Dort mußten die Häftlinge oft Wochen und Monate auf eine Bademöglichkeit warten.

Als weitere Folge des Krieges wurde es für uns immer schwieriger, die Reinlichkeit in der Küche wie bisher aufrecht zu erhalten. Zuvor hatten wir Spezialbürsten zum Reinigen der Kochkessel zur Verfügung, ähnlich wie sie die Küfer zum Reinigen der Fässer benützten. Trotz aller Bemühungen der Gerätekammer waren sie nicht mehr zu bekommen. Genau so war es bei den Bürsten zum Reinigen der Transportkessel und den Bürsten für die Schrubber. Diese Verhältnisse zwangen uns zur Selbsthilfe. Mit dem Küchenchef besprach ich die Situation und schlug ihm vor, im Lager einen Bürstenbinder zu suchen und ihn ins Kommando zu übernehmen, alsdann ein Kommando zusammenzustellen, das im Wald Reisig und Wurzeln sammeln sollte. Nachdem der Küchenchef mit meinem Vorschlag einverstanden war, wurde ein älterer Zivilrusse als Bürstenbinder eingestellt. Für das Kommando Wurzelsammeln hatten wir einen zweirädrigen Pritschenwagen organisiert, mit dem einige Häftlinge außerhalb unseres Kommandos unter SS-Begleitung in den Wald gingen, um Material für den Bürstenbinder zu holen. Mit den Wurzeln wurden Bürsten gefertigt; das Reisig hatten wir mit extra gefertigten Holzbacken zusammengeklemmt und als Schrubber verwendet. So konnten wir die Küche, die Kochkessel und das Geschirr einigermassen sauber halten.

Wie schon erwähnt, fehlte es uns an Transportgeschirr. Auch das war nicht mehr erhältlich, obwohl immer wieder einiges ausfiel und die Anforderungen an Transportgeschirr bei laufend steigender Häftlingszahl immer größer wurden. Um ein wenig Erleichterung zu bekommen, transportierten wir Pellkartoffeln nicht mehr in den 30 Liter fassenden Transportkesseln, sondern in Holzkisten mit demselben Fassungsvermögen. Diese Kisten besorgten wir uns in der DAW-Schreinerei — DAW ist die Abkürzung für Deutsche Ausrüstungswerke, ein SS-Unternehmen, das sich in verschiedenen Branchen betätigte. Die Holzkisten hatten den Nachteil, daß die Pellkartoffeln schneller erkalteten und zudem häufiger beschädigt wurden, weshalb wir noch einen Schreiner zur Instandhaltung dieser Kisten ins Kommando nehmen mußten.

Letzterer hatte auch die Verdunkelungsrahmen zu betreuen. Bei Nacht mußten die Fenster verdunkelt werden. Die Holzrahmen zur Verdunkelung der Fenster waren mit Dachpappe bezogen, die sich aber im Küchendampf bald wieder auflöste. Nun hielten wir Ausschau nach einem beständigeren Material. Wir erfuhren, daß außerhalb des eigentlichen Lagers, aber im Lagerbereich, in den Rüstungsbetrieben dünnes Eisenblech für die V 2 verarbeitet wurde. Das war für uns der geeignete Werkstoff; aber es war schwierig, an dieses Eisenblech heranzukommen. Schließlich hätte die Verwendung zur Verdunkelung als Sabotage ausgelegt werden können. Trotzdem haben wir uns die notwendige Menge organisiert, auf die Holzrahmen genagelt und sofort mit Farbe bestrichen. Von da an hatten wir unsere Ruhe.

Eine weitere Schwierigkeit war die Entlüftung der Küche bei Nacht. Im Dach waren zwar einige Entlüftungsklappen angebracht, die wir bei Tag öffnen konnten. Aber bei Nacht drang der Lichtschein nach außen, und wenn Fliegeralarm war, brüllte der Rapportführer durch die Lautsprecheranlage: Häftlingsküche Klappen schließen. Bei geschlossenen Klappen hatten wir dann eine große Hitze und einen so starken Überdruck in der Küche, daß wir eine nach innen gehende Türe nur mit Mühe öffnen konnten. Um Abhilfe zu schaffen, hatten wir uns bei unseren Kameraden in der Elektroabteilung, deren Baracke neben der Küche lag, 2 Batterien und kleine Glühbirnen beschafft, die wir bei offenen Klappen einschalten konnten, ohne nach außen aufzufallen.

Außer den geschilderten organisatorischen Schwierigkeiten kamen im Laufe der Kriegsereignisse Probleme der Ernährung hinzu. Die Verpflegung wurde immer schlechter und geringer. Steckrüben waren das vorherrschende Gemüse. Während früher noch Fett zur Verfügung stand, wurde es jetzt völlig gestrichen, sodaß uns nichts anderes übrigblieb, als Mehl im Wasser anzurühren und dies als Bindemittel einzusetzen. Was ein solches Essen wert ist, kann sich jedermann ausrechnen, wenn er Kartoffeln, Kraut oder Steckrüben als Kochgut zugrunde legt. Um den Steckrüben einen anderen und besseren Geschmack zu verleihen, hatten wir den Versuch gemacht, Mehl ohne Fett zu rösten. Dazu mußte an jeder der zwei Kippbratpfannen ein Häftling stehen und ununterbrochen rühren, damit das Mehl nicht anbrannte. Nach dieser Methode hatten die Steckrüben ein klein wenig besser geschmeckt. Aber der Küchenchef hatte diese Mehlrösterei verboten, weil dadurch der Mehlstaub alles bis zum Gebälk bedeckte. Nun mußten wir wieder wie bisher ohne geröstetes Mehl kochen. Das war am schlimmsten bei getrockneten Zuckerrübenblättern. Diese konnten wir kochen, so lange wir wollten, sie wurden nie weich und machten eine Bindung mit dem angerührten Mehl vollkommen unmöglich. Dies war ein Fraß, den wahrscheinlich die Schweine nicht gefressen hätten, der nur für Wiederkäuer verdaulich war. Anläßlich eines Besuchs einer Gruppe Uniformierter erhielten wir ausnahmsweise Graupen, dazu Rinderfett, das ranzig war und gerochen hatte. Die Besucher nahmen nur einen Löffel voll, obwohl wir ihnen Essgeschirre bereitstellten. Sie verschwanden schnell wieder.

Eier habe ich in 5 1/2 Jahren Küchentätigkeit nur ein einziges mal gesehen, als wir eine Lieferung von 144.000 Stück erhielten, von denen aber verhältnismäßig viele faul waren. Offensichtlich handelte es sich um eine Lieferung, die anderweitig nicht mehr verwendet werden konnte. Für ein KZ waren diese nach Meinung der SS noch gut genug. Wenn von dieser Lieferung höchstens 130.000 Eier genießbar waren, dann kamen damals bei einer Lagerstärke von etwa 35.000 Mann pro Häftling 4 Eier. Um der Häftlingsverpflegung ohne Eier trotzdem Eiweiß zuzuführen, bekamen wir künstliches Eiweiß in Konservenbüchsen geliefert. Dieses Ersatzprodukt war eine graue, unansehnliche, breiige Masse, die so gegoren war, daß die Büchsen stark aufgebeult waren und bei dem Öffnen der Inhalt meterhoch spritzte. Wie mir der Küchenchef erzählte, war dieses künstliche Eiweiß aus Holz gewonnen worden. Ob dies wahr gewesen ist, weiß ich nicht. Möglich war es schon; denn wir hatten auch einmal Margarine bekommen, die aus dem Grundstoff Kohle hergestellt war.

Diese Konservenbüchsen mit dem angeblichen Eiweiß mußte die Nachtschicht öffnen, damit wir den nicht gut riechenden Brei am nächsten Tag dem Essen zusetzen konnten. Als wir am ersten Tag, an dem Essen mit dem Zusatz ausgegeben worden war, abends ins Lager und auf den Appellplatz kamen, um spazieren zu gehen, wurden wir von den Kameraden mit Vorwürfen überschüttet. Sie beklagten sich über den schlechten Geschmack des Essens und tags darauf über Durchfall, der viele Häftlinge betroffen hatte. Dieser Vorgang veranlaßte uns, im kleinen Kreis, vor allen Dingen mit den Schichtführern, die in der Nachtschicht das Sagen hatten, diese Angelegenheit zu besprechen. Wir wurden uns darüber einig, daß die Büchsen zwar in der Nachtschicht geöffnet, aber der Inhalt sofort in die Kanalisation geschüttet würde. Nach einigen Tagen passierte es, daß die Nachtschicht bei dieser Arbeit zu wenig Wasser zugab und dadurch der Kanal verstopft wurde. Wir mußten den für die Kanalisation zuständigen Häftling holen, um die Verstopfung zu beseitigen. Eines Tages fragte mich der Küchenchef, ob wir das künstliche Eiweiß auch verwenden würden. Ich sagte ja, aber ich merkte, daß er davon nicht überzeugt war. Er wußte wahrscheinlich so gut wie ich, daß dies nicht der Wahrheit entsprach. Für ihn war es vermutlich eine Rückversicherung. Im übrigen hatten wir den Eindruck, daß mit diesen Lieferungen irgendein höherer SS-Offizier ein gutes Geschäft machte. Sie wurden allerdings bald wieder eingestellt. Vielleicht hatte man in der Wirtschaftverwaltung der SS die Wertlosigkeit dieses Kunstproduktes erkannt.

Wie schon erwähnt, gab es für uns zum Kochen überhaupt kein Fett mehr, Fleisch nur noch selten. Wenn eine Lieferung einging, dann war es zu wenig und von schlechter Qualität. Mitunter bekamen wir Fleisch, das in allen Farben glänzte, von grün bis violett, und stank, daß es die Kameraden hinten in der Spülküche in etwa 15 m Entfernung rochen, wenn es vorne in die Küche hereingetragen wurde. Des öfteren mußten wir dieses Fleisch zweimal kochen und jedesmal die Brühe in die Kanalisation ablassen, weil sie so gestunken hatte, daß sie ungenießbar war. Somit hatten wir zwar Fleisch, aber keine Fleischbrühe, die an Stelle von Wasser das Essen hätte verbessern können.

Wenn ich mich heute wieder an diese Zustände erinnere, dann muß ich mich wundern, daß damals im Lager keine Seuche ausgebrochen ist, wenn man bedenkt, daß zehntausende unterernährte Menschen unter schwerster Arbeit von dieser Ernährung leben mußten.

20. Das Lagerleben

Infolge meines Kommandowechsels wurde die eingeschränkte Schreiberlaubnis von einem Vierteljahr aufgehoben; jetzt durfte ich monatlich einen Brief schreiben. Das genügte mir; denn man konnte nicht viel schreiben, weil die ganze Post zensiert wurde. Grundsätzlich waren Bemerkungen über das Lager verboten, nur persönliche oder familiäre Angelegenheiten konnten erwähnt werden. Wenn Schreibtag war, saßen die Häftlinge da und quälten sich damit, was sie schreiben sollten. Was sie gerne geschrieben hätten, durften sie nicht, was erlaubt war, erschien so nichtssagend, daß sie zögerten, überhaupt zu schreiben. In meiner Situation kam es mir darauf an, meinen Angehörigen mitzuteilen, daß ich nicht mehr in Dachau sei, sondern in Buchenwald. Wie schon früher legte ich meiner Braut nochmals nahe, unsere Verbindung zu lösen, weil an eine Entlassung während des Krieges überhaupt nicht zu denken sei, und im übrigen alles weitere sehr ungewiß wäre. Für mich war es eine große seelische Belastung, daß sie hoffnungsvoll in die Zukunft schaute, sich der zweifelhaften Lage nicht voll bewußt war. Wiederum lehnte sie meinen Vorschlag ab und erklärte sich bereit, auf mich zu warten trotz aller Ungewißheit. Ein solches Verhalten einer Frau war damals im Lager selten. In den allermeisten Fällen gingen Ehen und Freundschaften in die Brüche, weil die Frauen aus vielerlei Erfahrungen wußten, daß die Fortsetzung dieser Bindungen ein Hazardspiel war. Die Gestapo hatte nach besten Kräften zur Verwirrung und damit zu tiefen persönlichen Krisen beigetragen, indem sie die Frauen direkt aufforderte, die Scheidung einzureichen.

Während meiner Zeit in der Strafkompagnie hatte ich nur selten Gelegenheit, mit meinen Kameraden abends in der Freizeit zwischen Abendappell und Abpfeifen zusammenzutreffen. Wenn man den ganzen Tag Steine getragen hatte, war man zu müde, um noch spazieren zu gehen. Sonntags war es auch nicht möglich; denn vormittags mußten wir arbeiten und anschließend bis abends auf dem Appellplatz stehen. Mit der Tätigkeit in der Häftlingsküche kam zu den bereits erwähnten Vorteilen noch die Möglichkeit, abends mit Freunden und Kameraden im Lager spazieren zu gehen, ebenfalls Sonntags, wenn wir das Essen ausgegeben hatten. Ludwig Becker und ich trafen uns jeden Abend zum Spaziergang, bei jedem Wetter, ob es regnete oder schneite. Er saß in der Fotoabteilung, die meiste Zeit in der Dunkelkammer, und war froh, wenn er abends an die frische Luft kam. Bei mir war es ähnlich. Nach der täglichen Küchenluft tat so ein Spaziergang wohl. In der ersten Zeit beteiligte sich Willi Bleicher häufig an diesen Zusammenkünften. Später, als er viel mit zugehenden und abgehenden Transporten zu tun hatte, wurde sein Erscheinen seltener. Eugen Waller spazierte des öfteren mit, aber nachdem er das Küchenkommando bald verlassen hatte und in verschiedenen Kommandos arbeitete, zog er sich bei uns etwas zurück. Nach einiger Zeit wurde er Kapo in einem kleineren Kommando und später Blockältester im kleinen Lager. Fritz Pröll, der Dachauer Kamerad, kam von der Strafkompagnie als Krankenpfleger ins Revier und schloß sich in Buchenwald seinen bayerischen Genossen an. Auf ihn werde ich später noch zurückkommen. Da sich die politischen Häftlinge in Landsmannschaften zusammenfanden, kam der Verantwortliche für die Schwaben, Hans Rueß aus Esslingen, ein KPD-Mann, den ich schon seit den frühen zwanziger Jahren aus der Kommunistischen Jugend kannte, öfter in unseren Kreis.

Ein weiterer KPO-Genosse war Robert Siewert, den ich 1934 kennengelernt hatte, als er von der Reichsleitung der KPO von Berlin nach Stuttgart kam, um über die Möglichkeit der Unterbringung eines illegalen Genossen zu beraten, der uns unterstützen sollte. Hier in Buchenwald trafen wir uns wieder. Er war schon beim Aufbau des Lagers Buchenwald dabei. Als gelernter Maurer war er für die SS ein dafür sehr geeigneter Häftling. Für solche Arbeiten holte die SS immer Häftlinge aus den bestehenden Konzentrationslagern mit Lagererfahrung. So auch in diesem Falle. Sie kamen im Sommer 1937 aus den KZ's Lichtenburg und Sachsenburg. Unser Kapo in der Häftlingsküche war auch bei den alten Lagerhasen, wie man diese Häftlinge in unseren Kreisen nannte.

Robert Siewert und der Kapo Vogt erzählten uns oft, wie schwer die Aufbauarbeit damals war. Zunächst mußte der Wald gerodet und die Gräben für die Fundamente der Bauten ausgehoben werden. Vorgesehen waren Baracken für Häftlinge, Werkstätten, Verwaltungsgebäude, SS-Kasernen und nicht zuletzt Villen für die SS-Offiziere. Dies alles mußte ohne Maschinen, nur mit der Hände Arbeit, bei einer täglichen Arbeitszeit von 14 Stunden bewerkstelligt werden. Es gab weder Strom noch Wasser; alles mußte mühsam durch Häftlingsarbeit herbeigeschafft werden. Wege und Straßen waren noch nicht vorhanden, lediglich lehmiger Waldboden. Bei unserer Ankunft aus Dachau, Ende September 1939, bekamen wir einen Begriff von diesen Schwierigkeiten. Auch wir mußten noch in der ersten Zeit auf dem Waldboden marschieren und arbeiten.

Diese Aufbauarbeit wurde ausgeführt unter der Häftlingsverwaltung von Grünen, Häftlingen mit einem grünen Winkel, die im Gegensatz zu den Politischen standen, die einen roten Winkel trugen. Es war sehr wichtig, welche Gruppe von Häftlingen von der SS als Lagerälteste, Blockälteste oder Kapos eingesetzt wurde. Die Grünen waren mit wenigen Ausnahmen willfährige Werkzeuge der SS, sie prügelten und hetzten die Häftlinge genauso wie die SS. Sie hatten kein Gewissen und empfanden auch keine politische oder moralische Verpflichtung gegenüber den ihnen unterstellten Häftlingen, außer wenn Vorteile für sie dabei heraussprangen.

Unter diesen Verhältnissen gab es für die zum Aufbau des Lagers eingesetzten Häftlingen viele Schikanen, schwere Folterungen und zahlreiche Tote. Dieser Zustand war für die Politischen verständlicherweise sehr unbefriedigend. Sie bemühten sich deshalb sehr darum, die Grünen zurückzudrängen und so viele Funktionen wie möglich mit politischen Häftlingen zu besetzen. Die kriminellen Eigenschaften der Grünen haben durch Korruption und sonstige Dinge dazu beigetragen, daß schließlich auch die SS auf eine solidere Häftlingsselbstverwaltung Wert legte und mehr und mehr Funktionen an Politische übergab.

Als Lagerältester wurde ein Politischer eingesetzt, als Blockälteste und Kapos wurden immer mehr Rote berufen. Mit der Zeit bekamen die Politischen in der Besetzung von Funktionen etwas mehr Einfluß als zuvor. Wie schon früher erwähnt, gab es einige Kommandos, in denen nur politische Häftlinge beschäftigt wurden, z.B. die Effektenkammer. Was wäre dort wohl passiert, wenn die Grünen geherrscht hätten? Man muß wissen, daß dort nicht nur Kleider und Schuhe der Häftlinge untergebracht waren, sondern auch ihr Geld, Uhren und Schmuck, bis zu Gold und Edelsteinen. An diesen Gegenständen hatten die Juden einen relativ hohen Anteil. Sie brachten alles mit ins Lager; aber nur ganz wenige haben ihr Eigentum wieder in Besitz nehmen können, weil diejenigen, die nicht in Buchenwald umkamen, in Auschwitz vergast wurden. Willi Bleicher als Kapo der Effektenkammer hat alles getan, daß mit dem Eigentum der Häftlinge korrekt umgegangen wurde. Dies war nicht leicht, weil immer mehr Häftlinge ins Lager kamen und der Platz in der Effektenkammer nicht mehr ausreichte, um alle Effektensäcke unterzubringen. So organisierte er halblegal einen überdachten Abstellplatz, um dort die Effektensäcke zu stapeln.

Das Leben im Lager war hauptsächlich mit Arbeit ausgefüllt. Trotzdem haben sich die Häftlinge bemüht, dem Lageralltag eine freundlichere Note zu geben. Da wurden auf verschiedenen Blocks Unterhaltungsabende veranstaltet mit Musik, Gesang und kleinen Sketchs. Ein versierter holländischer Maler machte des öfteren mit Kohle Zeichnungen, die er nur so hinwarf, den Häftlingen zur Freude. Auch Theater wurde gespielt. Dabei übernahmen Homosexuelle die Frauenrollen, was ihnen mit illegal beschafften Frauenkleidern sehr gut gelang. Selbst die russischen Kriegsgefangenen haben auf ihrem Block Veranstaltungen durchgeführt. Ich erinnere mich noch an eine Operettenvorführung, in der sie ihre tänzerischen und gesanglichen Fähigkeiten zum besten gaben. Sonntags konnte man oft erleben, daß ein Häftling mit einer Gitarre oder Ziehharmonika vor dem Block saß und zu seinem Spiel ein Lied sang, umgeben von einem Kreis zuhörender Häftlinge. Ich erinnere mich auch an einen Sängerwettstreit von Häftlingen verschiedener Nationen. Die nationalen Sängergruppen traten miteinander in Konkurrenz, wobei man die unterschiedlichen Eigenarten der Nationen erkennen konnte, den etwas weichen Gesang der Franzosen, gegenüber den lebhaften und kräftigen Stimmen der Jugoslawen und auch der Russen.

Je nachdem, welcher Rapportführer den Sonntagsdienst hatte, wurde von ihm das Radio eingeschaltet, sodaß die Häftlinge auch auf diese Weise Musik hören konnten. Ähnlich verhielt es sich auch bei der Durchgabe der täglichen Abendnachrichten. Sie hingen vom guten Willen des jeweiligen Rapportführers ab.

Eine beachtliche Rolle nahm das Schachspiel im Lager ein. Mit Ludwig Becker spielte ich öfter eine Partie. Im Lager wurden Schachmeisterschaften ausgetragen, zunächst in den Blocks und dann für das ganze Lager. Häftlinge, die noch über genügend Kraft und Energie verfügten, konnten abends und insbesondere sonntags unten im Wald Sport betreiben. Ringtennis war damals die vorherrschende Sportart. Mit Ludwig Becker spielte ich oft Ringtennis, auch mit meinem Küchenkameraden Plum, bis er leider ins Revier mußte. Willi Bleicher war auch öfter mit von der Partie. Er war wohl der leidenschaftlichste Spieler. Wir hatten ihn immer bewundert. Wie gesagt, es waren nur wenige, die sich Sport leisten konnten. Die Mehrzahl der Häftlinge war nicht mehr in der Lage, hier mitzumachen.

Außer den wenigen erwähnten Erholungsmöglichkeiten gab es neben der Arbeit viele verschiedene Strafmaßnahmen, die auch zum Lagerleben gehörten. Die mildeste Form war das Prügeln an Ort und Stelle, ohne daß der SS-Mann eine Meldung erstattete. Wurde eine Meldung gemacht, waren meistens 25 Stockhiebe fällig, mitunter anschließend Strafkompagnie. In Buchenwald habe ich zum erstenmal gesehen, wie ein Häftling auf dem Appellplatz 25 Stockhiebe erhielt. Es war anschliessend an den Abendappell. Der Häftling mußte mit den Füßen in zwei Öffnungen treten, die unten am Bock zum Halten der Füße angebracht waren. Anschließend wurde er über den Bock gezogen, damit das Gesäß frei wurde. Nun schlugen zwei SS-Leute abwechselnd, der eine von links, der andere von rechts auf den wehrlosen Häftling ein, der noch die Schläge laut zählen sollte. Wir hörten ihn nur noch laut brüllen vor Schmerzen. In Dachau habe ich diese Prozedur nie gesehen. Sie wurde dort nicht vor versammelter Mannschaft vollzogen, sondern intern im Arrest.— Eine andere Strafmaßnahme war das Baumhängen. Dabei wurden beide Hände auf dem Rücken zusammengebunden, der Häftling an den Händen hochgezogen, sodaß er frei am Baum hing. Diese Folter dauerte oft mehrere Stunden. Die Folge war, daß die Schultergelenke auskugelten, was sehr schmerzhaft war und mitunter Dauerschäden verursachte. Mit diesen Strafmaßnahmen gingen die Nazis ins Mittelalter zurück.

21. Vermischte Ereignisse

Nach dem Einblick ins Lagerleben möchte ich noch andere Ereignisse erwähnen, die für uns im Lager von Bedeutung waren. — Im September 1940 wurden wir reichsdeutschen Häftlinge zur Musterung für die Wehrmacht befohlen. Sie wurde genauso durchgeführt, wie bei den in Freiheit befindlichen Männern; lediglich die Ergebnisse der Musterung fielen verschieden aus. Wir politischen Häftlinge wurden vom Dienst in der Wehrmacht im Frieden und im Kriege ausgeschlossen. Damit dieser Ausschließungsschein ein echtes Dokument wurde, mußte noch ein Foto angebracht werden, das anständig aussehen sollte. Deshalb hatten sie uns Kahlgeschorenen zum Fotografieren ein Einheitshemd mit Krawatte umgehängt. Dieser Ausschluß aus der Wehrmacht hat uns genausowenig wehgetan wie früher der Ausschluß aus der deutschen Arbeitsfront.

Eine Sensation war es für Buchenwald, als im Mai 1941 ein Kino eingerichtet wurde. Der Kapo in der Fotoabteilung, Edo Leitner aus Stuttgart, auch ein Politischer, hatte durch lange Bemühungen erreicht, daß die SS diesem Unternehmen zustimmte, das sich für die SS bald finanziell als sehr ergiebig herausstellte. Die Häftlinge mußten Eintritt bezahlen, während die SS nur die Leihgebühr für die Filme bezahlen mußte. Da die Häftlinge kein bares Geld hatten, bezahlten sie mit dem internen Buchenwaldgeld, das von ihrem Konto abgebucht wurde. Um falschen Vorstellungen vorzubeugen, sei erwähnt, daß die Häftlinge keinen Lohn für ihre Arbeit bekamen. Sie waren echte Sklaven der SS. Das Geld auf ihrem Konto stammte von den Angehörigen. Das Kino wurde in einer größeren Baracke ohne Zwischenwände eingerichtet, die sich auch für größere Veranstaltungen der Häftlinge, wie Unterhaltungsabende und ähnliches eignete. Die SS mißbrauchte diese Baracke zur Vollziehung der Lagerstrafen. Mit Edo Leitner zusammen hatte ich auf der Leinwand kleine Perlen aufgeklebt, damit die Leuchtkraft verbessert wurde. Den Projektor stellte «Bäb» (Spitzname) mit Hilfe eines kleinen Podests auf, das im Dachgebälk angebracht war und mit einer Leiter erreicht werden konnte. Den Spitznamen Bäb bekam Edo Leitner, weil er gelegentlich Klebstoff brauchte, dazu in die Buchbinderei ging und um Bäb bat. Die dortigen Kameraden konnten mit diesem echt schwäbischen Ausdruck nichts anfangen, sie ließen sich das Gewünschte auf Deutsch übersetzen. Von da an war Edo im Lager und auch bei den schwäbischen Kameraden nur als Bäb bekannt.

Nachdem alle technischen Voraussetzungen zur Vorführung gegeben waren, konnte die Filmpremiere steigen. Als erster Film wurde «Das blaue Licht» vorgeführt, inszeniert von Hitlers Lieblingsregisseurin Leni Riefenstahl. Dieser Film ist damals bei den Häftlingen gut angekommen. Für sie war der Inhalt nicht so entscheidend; interessanter wirkte die Tatsache, daß sie nach langen Jahren einen kurzen Blick in eine andere Welt werfen konnten, weg vom Lagerdasein.

Um die Zeit 1941 - 42 erinnere ich mich an einen kleinen Transport, der in die Nähe von Dresden ging. Damals wurde gemunkelt, es handle sich um Experimente, die an Häftlingen gemacht werden sollten. Es wurde von Vergasung gesprochen. Ein Häftling aus unserer Spülküche war diesem Transport zugeteilt. Es handelte sich um einen österreichischen Kameraden, der zwar einen roten Winkel trug, aber wegen Wilderns im Lager war. Ein mir bekannter Politischer stand auch auf der Transportliste. Es brauchte alles, bis es den einflußreichen Häftlingen gelang, diesen Kameraden wieder von der Liste wegzubringen. Bei Transporten in Aussenkommandos, die weiterhin zum Lager Buchenwald zählten, blieben die Effekten im Lager. Hier aber handelte es sich um einen merkwürdigen Transport. Die Häftlinge durften nichts Persönliches mitnehmen, insbesondere keine Taschenmesser oder ähnliches. Während zu Außenkommandos immer Verbindung bestand, hörten wir von diesem Transport nie mehr etwas. Es handelte sich dabei, wie uns später bekannt wurde, um Versuche, Häftlinge mit Autoabgasen zu töten.

Ebenfalls um diese Zeit wurde im Lager bekannt, daß der brutale und korrupte Lagerkommandant SS-Standartenführer Koch Häftlinge im Lager suchte, um ein neues Lager in Lublin (Polen) aufzubauen. Von Maidanek war damals noch nicht die Rede. Diese Aktion lief unter dem Namen Lublin. Tatsächlich ging Koch dann bald nach Lublin. Er mußte seine Villa im äußeren Lagerbereich räumen und mit seiner Ilse, der berüchtigten «Kommandeuse von Buchenwald» umziehen. Bei diesem Umzug mußte Willi Bleicher als Kapo der Effektenkammer mit einigen Kameraden seines Kommandos beim Packen helfen. Dabei ging eine Tasse zu Bruch, was die Kommandeuse veranlaßte, eine Bestrafung zu verlangen. Willi Bleicher erhielt als Verantwortlicher 15 Stockhiebe. Abends zeigte er mir und einigen Kameraden seiner Stube sein blankes

Hinterteil, das mit blauen Striemen überzogen war. Dabei hatte er noch ein wenig Glück, daß es keine 25 Stockhiebe wurden. Vermutlich hatte sich die Fürsprache seines Kommandoführers, ein Hauptscharführer mit dem Spitznamen «Tommy», ausgewirkt, der persönlich ein gutes Verhältnis zur Familie Koch hatte. Für diese korrupte Familie hatten sich die guten Beziehungen zur Effektenkammer gelohnt; denn sie bereicherte sich beträchtlich an den dort lagernden Millionenwerten. Diese Vorgänge gingen vielleicht der SS zu weit; vielleicht waren es auch Intrigen, was in SS-Kreisen nicht selten vorkam.

Jedenfalls wurde ein SS-Gericht unter einem Juristen, dem SS-Sturmbannführer Dr.Morgen, eingeschaltet. Letzterer ermittelte gegen Koch, der zum Tode verurteilt und kurz vor Ende des dritten Reiches erschossen wurde. Auch das Verhalten der Kommandeuse wurde von ihm unter die Lupe genommen. Ganz besonders haben dabei die aus Menschenhaut gefertigten Lampenschirme eine Rolle gespielt. Die Kommandeuse liebte die Tätowierungen auf Menschenhaut, mit der dann Lampenschirme bezogen wurden. Es gibt Fotos davon. Ludwig Becker als Häftling der Fotoabteilung wurde von Dr.Morgen in dieser Angelegenheit vernommen. Er bestätigte die Existenz der Fotos. Da er mir darüber sogleich berichtete, hatte ich keine Veranlassung zu zweifeln. Nur einmal habe ich diese bösartige Frau gesehen, als ich außerhalb des Lagerzauns die Straße entlangging und sie hoch zu Ross geritten kam.

In Häftlingskreisen wurde damals erzählt, auf Veranlassung der Kommandeuse seien Häftlinge umgebracht worden, weil die Kommandeuse an den Tätowierungen dieser Häftlinge interessiert gewesen sei. Bei der Beurteilung solcher Vorkommnisse darf man nicht von Vorstellungen eines normalen Menschen ausgehen; denn bei den Lagerleitungen und Wachmannschaften in den KZ's spielte der Sadismus eine große Rolle.

Ein weiteres Ereignis, das im Lager für Aufregung sorgte, war das Attentat auf den SS-Gruppenführer und Herrscher der Tschechoslowakei Reinhard Heydrich 1942. (Dies war der Mann, der bei der Ermordung der SA-Leute im Zusammenhang mit dem sogenannten Röhmputsch 1934 eine wichtige Rolle spielte und im Januar 1942 eine führende Funktion inne hatte, als es bei der Wannseekonferenz um die Endlösung - sprich Vernichtung - der Juden ging.) Als Rache für dieses Attentat hatten die Nazis das ganze tschechische Dorf Lidice dem Erdboden gleichgemacht, alle Männer erschossen, die Frauen und Kinder in Lager abtransportiert. Das genügte ihnen noch nicht. Sie haben in der Folgezeit noch zahlreiche Tschechen in der Tschechoslowakei erschossen. Unsere tschechischen Kameraden hatten laufend tschechische Zeitungen erhalten, die sie abonniert hatten, die aber zensiert wurden. In diesen Zeitungen waren die erschossenen Tschechen mit Namen aufgeführt; mitunter handelte es sich um 12 - 15 Personen auf einer Liste. Die Kameraden in der Küche zeigten mir immer wieder diese Zeitungen und waren verständlicherweise dabei sehr erregt. Manchmal waren auch Bekannte von ihnen darunter. Diese Erschießungen wurden noch längere Zeit nach dem Attentat vollzogen.

22. Veränderungen im Lager

Nachdem es den politischen Häftlingen gelungen war, weitere Funktionen im Lager zu besetzen und damit auch mehr Einfluß auf die SS-Lagerführung zu bekommen, konnte im Sommer 1942 die SS dafür gewonnen werden, aus Häftlingen einen Lagerschutz zu organisieren. Dafür durften nur reichsdeutsche Häftlinge laut Anweisung der SS in Betracht kommen. Dabei mußte von unserer Seite darauf geachtet werden, daß vorwiegend zuverläßige politische Häftlinge ausgewählt wurden. Besonders wichtig war die Frage, wer Kapo für den Lagerschutz werden sollte. Für uns Politische stand im Vordergrund, daß diese Einrichtung zum Schutz für die Häftlinge wirken sollte. Andererseits erhoffte sich die SS eine Unterstützung ihrer Interessen, insbesondere bei der Aufrechterhaltung der Disziplin. Es war leicht erkennbar, daß es schwierig sein würde, eine solche Doppelrolle auszufüllen. Trotzdem ist es dem schwäbischen Politischen Karl Keim als Lagerschutzkapo gelungen, diesen Anforderungen gerecht zu werden.

Eine besondere Schwierigkeit gab es mit den ausländischen Kameraden. Sie waren allzusehr geneigt, im Lagerschutz den verlängerten Arm der SS zu sehen. Ähnliche Schwierigkeiten hatten auch die anderen Funktionäre, wie Kapos, Blockälteste und Stubendienste. Es waren Deutsche, die den Ausländern Anweisungen und sogar Zurechtweisungen gaben. Um ein kameradschaftliches Auskommen aller zu erreichen, war Voraussetzung, daß sich die deutschen Funktionsträger nicht als Herrschende oder Befehlende fühlten, sondern zeigten, daß auch sie Häftlinge waren und den ausländischen Kameraden helfen wollten. Wo geschimpft oder geschlagen wurde, konnte sich zwischen deutschen und ausländischen Häftlingen kein Vertrauensverhältnis entwickeln. Um den geschilderten Problemen entgegenzuwirken, konnte mit der Zeit erreicht werden, daß die SS nach langem Zögern auch ausländische Häftlinge zum Lagerschutz zuließ. Von unserer Seite wurden Sprachschwierigkeiten vorgeschoben. In Wirklichkeit ging es aber darum, die Gefahr des Auseinanderlebens der Häftlingsgruppen zu vermeiden und die Solidarität mit ihnen aufrechtzuerhalten.

Der Lagerschutz hat beispielsweise verhindert, daß bei Transporten den ankommenden Häftlingen von Gaunern empfohlen werden konnte, sie sollten vor der Aufnahme Geld und Schmuck ihnen, den Gaunern, übergeben, weil die SS den Häftlingen alles abnehmen werde und sie davon nichts wieder bekommen würden. Diese Gauner gaben dann den unerfahrenen Neulingen irgendeine Blocknummer an, die nicht stimmte, und sagten, sie würden die übergebenen Wertsachen zurückgeben, behielten sie jedoch für sich. Nachdem der Lagerschutz in Funktion war, hatten diese Elemente keine Möglichkeit mehr, solche dunklen Geschäfte zu betreiben. Denn der Lagerschutz überwachte den Transport, damit kein Unberufener herankam.

Als der Hunger im Lager immer größer wurde, gingen hungrige Häftlinge auf den Wagen los, mit dem die Abfälle der Steckrüben in den Schweinestall transportiert wurden. Um die Gefahr von Seuchen zu bannen, mußte der Lagerschutz diese Transporte überwachen.

Viele Häftlinge trugen damals ihren Eßlöffel wie eine Auszeichnung im Knopfloch, damit sie gegebenenfalls verschüttetes Essen direkt vom Boden aufessen konnten. Die Essenholer hatten zum Teil im Lager geschnitzte Holländer Holzschuhe, mit denen sie auf den holprigen Lagerstraßen das Essen mit offenen Transportkesseln tragen mußten. Dabei passierte es oft, daß Essen verschüttet wurde. — Dies waren nur einige Beispiele für die Tätigkeit des Lagerschutzes. In den folgenden Jahren hatte dieser noch oft Gelegenheit, sich in viel schwierigeren Situationen zu bewähren, insbesondere im letzten Stadium des Lagers Buchenwald.

Neben dem Lagerschutz wurde auch eine Feuerwehr ins Leben gerufen. Wiederum konnten für diese Einrichtung politisch zuverlässige Häftlinge bereitgestellt werden. Wenn man bedenkt, daß außer einigen Steinbauten überwiegend Holzbaracken, etwa 60 an der Zahl, im Lager standen, dann leuchtete es jedermann ein, wie notwendig eine Feuerwehr war. Im Ernstfall wäre eine Holzbaracke vollkommen niedergebrannt, ehe die Feuerwehr von Weimar helfend hätte eingreifen können. Ähnlich verhielt es sich mit einer Bergungs- und Sanitätstruppe, die beide aus geeigneten Häftlingen gebildet wurden. Insgesamt kam es der illegalen Lagerleitung darauf an, viele möglichst zuverlässige Häftlinge in diesen Einrichtungen zusammenzufassen, um sie gegebenenfalls wirkungsvoll für die Häftlinge im Lager einsetzen zu können.

Ende 1942 änderte sich die Führung der SS-Lagerleitung. Nach Buchenwald kam Plaul als 2.Lagerführer, ein SS-Offizier, dem die Grünen (die Kriminellen) näher standen als die Roten. Nun begann wieder der Krieg unter den Häftlingen um die Führung im Lager. Die Grünen bemühten sich mit Unterstützung von Plaul um die Herrschaft in der Selbstverwaltung. Zu diesem Zweck denunzierten die Grünen die politischen Funktionshäftlinge bei der SS-Lagerleitung. Sie behaupteten, die Politischen würden Fremdsender abhören und sich politisch betätigen. Damit fanden sie bei Plaul sofort Gehör. Er ließ daraufhin zahlreiche politische Häftlinge von ihren Funktionen ablösen und schickte sie in den Steinbruch oder andere Strafkommandos. Von dieser Aktion wurde auch Willi Bleicher betroffen; er mußte seine Funktion als Kapo der Effektenkammer abgeben und im Gärtnereikommando Latrine tragen. In Häftlingskreisen hatte dieses Kommando die treffende Nummer 4711.

In dieser Situation nahmen die Politischen den Kampf gegen die Grünen auf. Letztere konnten für ihre Behauptungen keine Beweise erbringen, zumal viele politische Funktionshäftlinge zu ihren Block- oder Kommandoführern gute Beziehungen hatten, die sie zwecks Änderung der Verhältnissse im Lager ausnützten. Auch Willi Bleicher hatte zu Tommy, seinem Kommandoführer, ein gutes Verhältnis, der wiederum nach oben gute Beziehungen hatte und wahrscheinlich an einer baldigen Rückkehr seines Kapo interessiert war. Der politische Häftling Franz Eichhorn war der Friseur des Kommandanten, den er regelmäßig bedienen mußte. Dabei ergab sich manche Möglichkeit, beim Kommandanten diese Dinge vorsichtig anzubringen, die für uns Häftlinge wichtig waren. So gelang es nach einiger Zeit, die früheren Verhältnisse wieder herzustellen. Auch Willi Bleicher konnte seine Funktion als Kapo der Effektenkammer wieder übernehmen.

Die SS hatte bald bemerkt, daß der Ablauf der einzelnen Vorgänge im Lager unter den Grünen nicht mehr so glatt und ungestört war wie zuvor. Hinzu kamen noch krumme Dinge, die die Grünen nicht lassen konnten. So blieb die Selbstverwaltung von da ab bis zum Ende in den Händen der Roten. Nach dieser Änderung zu Gunsten der Politischen verschwand der 2.Lagerführer wieder von der Bildfläche.

Eine wesentliche Veränderung im Lager brachte der Aufbau des Kleinen Lagers. Das früher erwähnte kleine Lager für die Polen auf dem Appellplatz war inzwischen aufgelöst worden. Bisher hatte das Lager bis zu den 5 Steinblocks gereicht, nach denen der zum Lager gehörende Wald folgte. Jetzt wurden immer mehr Bäume gefällt, um Platz zu schaffen für weitere Baracken. So entstand das sogenannte Kleine Lager, das innerhalb des eigentlichen Lagers nochmals einen Zaun erhielt, der aber zugänglich war. Bei diesen Unterkünften für Häftlinge handelte es sich nicht um Wohnbaracken wie im Großen Lager, sondern um Pferdebaracken ohne Fenster, lediglich mit kleineren Lüftungsklappen, die in Pferdehöhe angebracht waren. Am hellichten Tag mußte das elektrische Licht eingeschaltet werden, damit man etwas sehen konnte. Betten gab es nicht, die Häftlinge mußten Mann an Mann in Boxen schlafen, die aus Holz gefertigt waren. Manche Häftlinge konnten zum Appell nicht mehr aufstehen. Sie wurden in ihren Boxen gezählt wie die Karnickel. Insgesamt betrachtet war das Kleine Lager eher eine Tierhaltung als eine menschliche Unterkunft.

Da mein Leidensgefährte Eugen Waller Blockältester in einer solchen Pferdebaracke war, kam ich einigemale ins Kleine Lager zu Besuch, ging aber gern wieder ins Große Lager zurück. Die SS hat sich wegen dieser Zustände kein Gewissen gemacht. Sie ging davon aus, daß es sich bei diesen Häftlingen sowieso um Todeskandidaten handelte, die bald sterben würden. Tatsächlich sind auch nur ganz wenige mit dem Leben davongekommen. Wegen der Erweiterung des Lagers wurde zu den zwei Lagerältesten noch ein dritter eingesetzt. Es war der politische Häftling Paul Schreck aus Mannheim, nach 1945 Erster Bevollmächtigter der IG-Metall in Mannheim, der ebenfalls wie die beiden anderen -trotz dieser schwierigen Funktion - eine gute Rolle spielte.

Im Kleinen Lager waren fast nur ausländische Häftlinge und Grüne, nur selten Reichsdeutsche. Wenn diese Häftlingstransporte in Buchenwald ankamen, boten sie ein furchtbar trauriges Bild. Viele konnten nicht mehr allein gehen; sie mußten von ihren Kameraden gestützt werden. Zu Skeletten abgemagert waren sie alle. Sie kamen ohne Übertreibung halbtot an. Unter diesen Umständen war die Gefahr einer Epidemie sehr groß. Die SS hatte große Angst vor Flecktyphus. Es wurden deshalb an Häftlingen Experimente mit Typhusbazillen gemacht. Diese Versuche kosteten auch Opfer. Darüber hinaus wurde auch von seiten der SS auf die Entlausung der Insassen viel Wert gelegt. Sie wurde in der Desinfektion, die der Effektenkammer angeschlossen war, durchgeführt. Im eigenen Interesse waren auch die Häftlinge um die Sauberkeit im Lager bemüht. In sämtlichen Baracken waren Warnplakate ausgehängt: Eine Laus - Dein Tod.

Um den Zynismus ihrer Maßnahmen zu vervollständigen, schuf die SS noch eine Einrichtung, die für manchen Leser eigenartig klingen mag. Im Frühjahr 1943 berichtete mir ein befreundeter Häftling aus Krefeld, Alfred Ingenhag, ein Landsmann meines Küchenkameraden Heinrich Plum, im Baubüro, in dem er als Ingenieur beschäftigt war, liege ein Schreiben aus Berlin vor, in dem der Auftrag zum Bau eines Bordells für das Lager erteilt wurde. Als Begründung wurde dort angegeben: «zur Hebung der Lebensfreude der Häftlinge.»

Wieder war eine Zeit gekommen, in der nicht mehr das Schikanieren und Foltern der Häftlinge im Vordergrund stand, sondern die Erhaltung der Arbeitskraft für Kriegs- und Rüstungszwecke. Diese Bordellangelegenheit ging wie ein Lauffeuer durchs ganze Lager. Von uns Politischen wurde zunächst die Frage diskutiert, um was für Frauen es sich wohl handeln würde, die hier eingesetzt werden sollten, sehr wahrscheinlich um Frauen aus einem Frauen-KZ. Sollten diese Frauen zu dieser Tätigkeit erniedrigenderweise gezwungen werden, oder sollte es sich um einschlägig beschäftigte Personen handeln?

Diese Frage wurde für uns Häftlinge geklärt, als dann im Sommer 43 das Bordell, genannt «Sonderbau» erstellt war und die Bewohnerinnen einziehen konnten. Zu diesem Zeitpunkt kamen eines Tages 10 oder 12 Frauen unter Führung eines SS-Mannes in die Häftlingsküche, um sie zu besichtigen. Dabei gab es bei uns entsprechende Witzeleien und Rufe. Bei diesen Frauen merkten wir schnell, daß es sich um Personen vom Fach handelte. Ob sie in die Küche geführt wurden, um uns Appetit zu machen, weiß ich nicht.

Jedenfalls ergab sich bei uns politischen Häftlingen die Frage: wie sollten wir uns verhalten. Sollten wir hingehen oder dieses Angebot ablehnen? Dies war nicht leicht zu beantworten, wenn man bedenkt, daß die meisten von uns schon viele Jahre eingesperrt waren. Im Laufe der Diskussionen bildete sich bei den Politischen die deutliche Meinung heraus, nicht dorthin zu gehen. Zwei Gründe waren dafür bestimmend: zum einen wollten wir uns aus politischen Gründen nicht von der verhassten SS wie Hunde dorthin führen lassen. Zum anderen mußte etwas bezahlt werden, und dieses Geld stammte von den Angehörigen, weil wir Häftlinge kein Geld verdienten; wir waren ja Sklaven. Von den Politischen wurde diese Stellungnahme im allgemeinen eingehalten. Nur ganz wenige sind trotzdem ins Bordell gegangen. Vorneweg wurde erklärt, daß jeder selbst zu entscheiden hätte, wie er sich verhalten wolle; auf keinen Fall sollte jemand aus diesem Grunde ausgestoßen werden. Da die Bordellbesucher ihr eigenes Handtuch mitbringen mußten, wurde für sie bald die spaßhafte Bezeichnung «Handtuchschwinger» geprägt.

23. Der Kochkurs

Im Frühjahr 1943 erhielt der Küchenchef vom SS-Sturmbannführer Barnewald, zuständig für die Wirtschaftsführung in Buchenwald, den Auftrag fünf Küchenhäftlinge zu melden, die an einem Kochkurs in Dachau teilnehmen sollten. Der Küchenchef hatte daraufhin den Kapo, drei Häftlinge und mich vorgeschlagen und dem Wirtschaftsführer gemeldet, sodaß die Reise nach Dachau bald beginnen konnte. Nachdem ich früher in Dachau war, freute ich mich auf das Wiedersehen mit guten Freunden. Nach wenigen Tagen fuhren wir in Begleitung von zwei SS-Leuten mit der normalen Eisenbahn über Weimar nach Jena. Dort mußten wir umsteigen. Auf dem Bahnsteig gab es einen längeren Aufenthalt, bis der Anschlußzug Richtung München eintraf. Zahlreiche zivile Fahrgäste warteten ebenfalls. Diese betrachteten uns neugierig, weil wir noch unsere graublauen Winterkleider trugen und unsere schildlosen Mützen auf dem Kopf hatten, die nicht nach Militär aussahen. Da wurde gerätselt und gemunkelt, was das wohl für Gestalten sein mochten. Von gefangenen Russen wurde gesprochen, bis dann unser Kapo in seinem sächsischen Dialekt ein klärendes Wort sprach und sagte:«Wir sind keine Russen, wir sind deutsche Häftlinge». Mit dieser überzeugenden Antwort war zwar die Neugierde der Umstehenden befriedigt, aber die fragenden Gesichter ließen erkennen, daß diese Menschen nicht so recht wußten, wo sie uns in ihrer Vorstellungswelt plazieren sollten. In Weimar hätten sie es gewußt.

Nun ging es mit dem nächsten Zug weiter, wieder bis zu einer größeren Station, an der wir übernachten mußten. Wie sie hieß, weiß ich nicht mehr. Da es keine andere Möglichkeit gab, verbrachten wir die Nacht zusammen mit unserer Bewachung im Eisenbahnwagen. Am anderen Morgen wollten die SS-Leute mit uns ungewaschen die Fahrt fortsetzen. Dagegen habe ich mich gewehrt. Da unser Kapo nichts sagte, habe ich den SS-Leuten damit gedroht, daß ich nach unserer Rückkehr dem SS-Sturmbannführer Barnewald darüber berichten würde. Letzerer lege auf Hygiene bei Küchenhäftlingen großen Wert. Diese Ankündigung wirkte. Sofort ging einer der beiden auf Suche nach einer Waschgelgenheit. Er kam bald wieder zurück und führte uns in einen sauberen Waschraum, den die Eisenbahner beim Dienstwechsel benützten. Erfrischt bestiegen wir jetzt den Personenzug nach München, der gut besetzt war. Gegenüber einer jungen Frau mit einem kleinen Kind von etwa 2 Jahren fand ich einen Sitzplatz. Welch ein Glücksgefühl, nach langen Jahren eine Frau zu sehen, dazu das kleine Geschöpf mit seinen zarten Händchen, seinen kleinen Füßchen. Ich hätte vor Freude weinen können. Am liebsten hätte ich es in meine Arme genommen. Noch heute werden diese Empfindungen von damals in mir wach.

Mit dem Ende dieser Reise kam wieder der Alltag des Lagerlebens. Wir waren jetzt in Dachau untergebracht in einer Baracke, zusammen mit vielen anderen Küchenhäftlingen aus damals fast allen Konzentrationslagern. Zuerst schaute ich mich nach meinen Genossen um. Heinrich Krathwohl war in der Häftlingskantine beschäftigt, ein gutes Kommando. Willi Rühle gehörte einem Außenkommando an, sodaß ich ihn im Lager nicht sprechen konnte. Und Karl Wilhelm war inzwischen Kapo geworden. Mit ihm und den anderen habe ich mich öfter unterhalten. Von ihnen habe ich erfahren, daß von den Kameraden, die 1939 vorübergehend nach Flossenbürg und Mauthausen transportiert wurden, weniger als die Hälfte nach Dachau zurückkehrten. Die übrigen kamen dort um. In diesen Lagern herrschten die Grünen; dies bedeutete brutale

Herrschaft derselben. Von einer illegalen politischen Organisation wurde nichts berichtet.

Es versteht sich von selbst, daß wir Buchenwälder diese günstige Gelegenheit wahrnahmen, mit den Häftlingen der anderen Lager über die jeweiligen Verhältnisse zu sprechen. Dabei mußten wir bei der Beurteilung der Zustände in anderen Lagern berücksichtigen, welche Häftlingsgruppe dort das Sagen hatte. Nach unseren Erfahrungen, die wir bei diesen Aussprachen machten, stellten wir ohne Selbstlob fest, daß Buchenwald zu den Lagern gehörte, in denen durch das Wirken der politischen Häftlinge etwas günstigere Verhältnisse erreicht werden konnten gegenüber anderen Lagern, insbesondere den KZ's, in denen die Grünen herrschten. Bei den grünen Häftlingen waren wir hier, ebenso wie in Buchenwald, zurückhaltend. Andererseits waren wir sehr daran interessiert, etwas über das Leben in anderen Lagern zu erfahren. Ganz besonders kam dafür Auschwitz in Betracht, weil häufig Häftlingstransporte von Buchenwald nach Auschwitz gingen und in umgekehrter Richtung Kleidertransporte. Von Auschwitz waren Grüne nach Dachau abkommandiert. Mit einem von ihnen, der mir einigermaßen vertrauenerweckend erschien, habe ich mich eingehend unterhalten. Aus seiner Schilderung konnte ich entnehmen, daß Auschwitz ein viel größeres Lager war als Buchenwald, daß dort Männer, Frauen und Kinder in getrennten Teillagern untergebracht wurden. In diesem Zusammenhang erzählte er mir, daß er mit eigenen Augen gesehen habe, wie SS-Leute kleine Kinder an den Füßen gepackt und mit dem Kopf an die Wand geschlagen hätten, sodaß sie sofort tot waren. Bei diesem Bericht ging es mir kalt den Rücken runter. Ich hatte in meiner KZ-Zeit viele Brutalitäten der SS erlebt, aber dieser geschilderte Vorgang hatte mich sehr erschüttert. Solche SS-Leute waren keine Menschen mehr, sie waren Bestien.

Später sind mir von Häftlingen, die von Auschwitz nach Buchenwald kamen, solche Brutalitäten der SS bestätigt worden. Eigenartigerweise hat mir der Grüne von der Vergasung in Auschwitz kein Wort erzählt. Auschwitz wurde Mitte 1940 eröffnet und Ende 1941 wurde mit der Vergasung begonnen. Vielleicht hatte er als Küchenhäftling keine Kenntnis von dieser Einrichtung, denn das Lager war sehr groß, oder wurden die nach Dachau abkommandierten Häftlinge zu strengem Schweigen verpflichtet. Jedenfalls wir in Buchenwald wußten, daß die Häftlinge, die nicht mehr arbeiten konnten, und deshalb nach Auschwitz transportiert wurden, dort der Vergasung zum Opfer fielen. Auschwitz war ein ausgesprochenes Vernichtungslager, eine Fabrik zum Töten von Menschen.

Nun aber zum eigentlichen Kochlehrgang. In den vier Wochen während unseres Aufenthaltes in Dachau hatte nur ein einzigesmal in der Baracke ein Vortrag über das Kochen stattgefunden. Referent war ein SS-

Offizier, der Wert darauf legte, daß beim Kochen Vitamine erhalten blieben. Wenn z.B. Kraut gekocht wurde, durfte nur die Hälfte gekocht werden, die andere Hälfte mußte roh zugegeben werden. Eines Tages mußten wir fünf Buchenwälder unter SS-Begleitung außerhalb des Lagers Brennesseln holen. Es war ein herrlicher Sonnentag. Dies reizte nicht nur uns, sondern auch die SS-Begleitung, dieses schöne Wetter zu genießen. So ergab sich die außerordentlich seltene Situation, daß Häftlinge und SS die Jacken auszogen und sich in die Sonne legten. Nach einigen Stunden, wir hatten viel Zeit, brachen wir wieder auf und füllten unseren mitgebrachten Sack mit Hilfe einer Sichel mit Brennesseln. Dies war im Nu geschehen. So konnten wir mit unserem vollen Sack wieder ins Lager marschieren. In der Küche wurden die Brennesseln sauber gewaschen, kleingeschnitten und dem Essen als Vitaminanreicherung beigegeben. Als Kochproben mußten wir zwei- oder dreimal Diät für das Revier kochen. Dazu bekamen wir keinen Zucker, wie in Buchenwald, sondern Süßstoff. Bewundert hatten wir in Dachau die Kartoffelschäler. Es waren junge Russen von etwa 15 oder 16 Jahren. Sie schälten die Kartoffeln so flott, daß man mit den Augen kaum mitkam. In Buchenwald mußten Alte und Behinderte diese Arbeit verrichten.

Wir Buchenwälder hatten damals die Vermutung, daß dieser sogenannte Kochkurs lediglich ein Alibi war für einige SS-Offiziere, um sich vor einem Fronteinsatz zu drücken. Zum Siegen gab es nämlich nichts mehr; Stalingrad lag bereits hinter uns. Für uns Häftlinge war es eine ruhige Zeit. Wir haben vier Wochen gebummelt und wurden nur wenig in Anspruch genommen. Andererseits bot uns dieser Kochkurs Gelegenheit, mit politischen Häftlingen der SPD und der KPD politische Unterhaltungen zu führen. Nicht immer stimmte die Beurteilung der politischen Lage und die Vorstellung über die künftige Entwicklung in Deutschland überein. Ich hatte den Eindruck, daß in Dachau die illegale Organisation der Politischen nicht so gut entwickelt war wie in Buchenwald. Das merkte ich des öfteren bei Diskussionen mit einzelnen Häftlingen. Immer wieder konnte ich eine etwas größere Kluft zwischen SPD und KPD feststellen als bei uns in Buchenwald. In Dachau gab es unter den Politischen verhältnismäßig mehr Sozialdemokraten als in Buchenwald. Wie ich im Kapitel Dachau berichtete, war auch Dr.Kurt Schumacher dort. Deshalb erkundigte ich mich nach ihm. Dabei erfuhr ich, daß er im Januar 1943 entlassen worden sei.

24. Nächtliche Frauentransporte

Etwa Mitte 1943 mußten mehrere Häftlinge der Häftlingsküche spät abends nach dem Abendappell warmes Essen außerhalb des Lagers zum

Bahnhof bringen. Dort stand ein Güterzug mit überdachten Güterwagen, in dem sich polnische Familien, Männer, Frauen und Kinder, befanden. Weil es schon dunkel war, hatte die SS einige Scheinwerfer aufgestellt. Außerdem funkelten die SS-Leute mit ihren Taschenlampen herum. Es ging darum, die Familien auseinanderzureißen; die Männer kamen ins Lager, die Frauen und Kinder blieben in den Waggons; sie wurden weitertransportiert. Deshalb mußten wir an sie das Essen verteilen. Wohin dieser Transport gehen sollte, wußten wir nicht.

Die Szenen, die sich in den Waggons abspielten, waren erschütternd. Diese Menschen wußten, daß es ein Abschied für immer sein wird, daß sie sich nie mehr im Leben sehen werden. Manche versuchten, sich gegen die Trennung zu wehren, aber das nützte nichts. Die SS-Leute rissen sie mit brutaler Gewalt auseinander, trotz Tränen und des Schreiens der Kinder. An diesem herzlosen Trauerspiel war auch eine weibliche SS-Angehörige beteiligt, die zur SS-Begleitung dieses Transportes gehörte. Sie trug eine SS-Uniform, Hosen und hohe Stiefel, in der Hand hatte sie eine Peitsche. Für mich war es das erstemal, daß ich eine Frau als SS-Angehörige sah. Inmitten der SS-Leute stolzierte sie mit der Peitsche wie eine Löwenbändigerin einher, die Brutalität war ihr ins Gesicht geschrieben, nichts von weiblichen Eigenschaften. Für mich war es ein widerlicher Anblick. Dieser verhängnisvolle Transport könnte mit dem Aufstand im jüdischen Ghetto in Warschau im Zusammenhang gestanden haben.

Noch einmal, einige Zeit später, mußten wir nach Einbruch der Dunkelheit warmes Essen zum Buchenwalder Bahnhof transportieren. Dort stand wieder ein Güterzug, aber diesesmal mit offenen Güterwagen. Bei diesem Transport handelte es sich um Frauen in Zivilkleidung, die auf der Durchreise waren. Woher der Transport kam und wohin er gehen sollte, wußten wir nicht, vermutlich in ein Frauen-KZ, was wir auch beim ersten Transport angenommen hatten. Diese Frauen, es waren keine Reichsdeutschen, kamen in einem sehr schlechten Zustand an. Sie mußten längere Zeit auf Transport gewesen sein; denn sie waren sehr hungrig und krank und brachten mehrere Tote mit. Kein Wunder bei diesen miserablen Transportverhältnissen: offene Waggons, somit voll der Witterung ausgesetzt; Hunger, Regen und Kälte mußten sie hilflos hinnehmen. Als wir an den Waggons entlang gingen, um das Essen auszugeben, mußten wir aufpassen; denn es war dunkel, und die Frauen verrichteten in dieser Zwangslage ihre Notdurft ungeniert aus den Güterwagen. Es blieb ihnen keine andere Möglichkeit; das Schamgefühl mußten sie preisgeben. Wir Häftlinge hatten für das Verhalten dieser Frauen Verständnis, kannten wir doch aus eigenem Erleben die Beschwernisse solcher Transporte.

Noch einen Frauentransport gab es in dieser Zeit; er kam nicht bei Nacht, es war auch kein solcher Durchgangstransport, wie zuvor. Diese Frauen kamen ins Lager Buchenwald; dies war eine Ausnahme, denn ins Lager Buchenwald durften normalerweise keine Frauen. Bald wurde im Lager bekannt, daß es sich um russische Frauen handelte, die für sich in einer Baracke des Lagers untergebracht wurden. In diese Baracke durfte niemand hinein, die Insassen aber auch nicht heraus. Diesen Transport habe ich nicht gesehen, nur von ihm gehört. Da mich diese russischen Frauen interessierten, war dieser Transport doch ein Sonderfall, überredete ich meinen Küchenchef, mit mir unter dem Vorwand, leere Essenkessel holen zu müssen, in diese Baracke zu gehen. Der Küchenchef war damit einverstanden, offensichtlich auch aus Neugier. So pilgerten wir gemeinsam zu dieser Baracke. Als wir dort ankamen, staunten diese Frauen, plötzlich einen SS-Mann und einen Häftling in ihrer Baracke zu sehen. Auch wir schauten uns um und merkten bald trotz ihrer Häftlingskleidung, dass es sich um gebildete Personen einer gehobenen Gesellschaftsgruppe handelte. Der Form halber nahmen wir einige leere Essenkessel mit und verliessen die Baracke; die Neugierde war gestillt.

Bald wurde meine Beurteilung bestätigt; am Abend des gleichen oder des nächsten Tages nach dem Abpfeifen hörten wir auf unserem Block Gesang von aussen; wir traten vor unsere Baracke, obwohl dies nach dem Abpfeifen verboten war, sahen auf der Lagerstrasse, an der auch die Baracke der russischen Frauen lag, eine Russin auf der Lagerstraße stehen, die bei mondheller Nacht aus dem Zarewitsch sang: »Hast Du vergessen da droben auf mich«. Sie sang diese Arie auf russisch und mit ausgezeichneter Stimme. Sie war wahrscheinlich eine Opernsängerin. Selbst der Posten auf dem Turm, von dem aus er die Lagerstrasse einsehen konnte, war anscheinend beeindruckt; denn er reagierte nicht so wie er sollte, standen doch mehrere Häftlinge vor den Baracken. Für uns Häftlinge war dieser romantische Abend ein beglückendes Erlebnis, an dem wir in unserem tristen Lagerdasein noch lange zehren konnten. Nach einigen Tagen wurden diese Frauen wieder weitertransportiert, wohin wussten wir nicht.

25. Pferdestall und Krematorium

Eine eigenartige Überschrift, wird mancher Leser denken, was hat ein Krematorium mit einem Pferdestall zu tun? Anders sieht es aus, wenn der Pferdestall von der SS zu einer Fabrik zwecks Vernichtung von Menschen umfunktioniert wurde. Von Zeit zu Zeit kamen Transporte russischer Kriegsgefangener nach Buchenwald. Sie kamen abends und wurden nicht wie andere Transporte als Häftlinge ins Lager aufgenommen. Diese Kriegsgefangenen wurden sofort zum Pferdestall geschafft, der sich ausserhalb des Lagerzaunes befand; das eigentliche Lager haben sie nie betreten. Im Pferdestall wurde ihnen von einem zweifelhaften russischen Häftling im Auftrag der SS erklärt, sie würden ins Lager aufgenommen und deshalb gebadet und ärztlich betreut. Zu diesem Zweck sollten sie sich jetzt ausziehen und ihre Kleider ablegen. Jetzt mussten die nackten Gestalten hintereinander in den anschliessenden schalldichten Duschraum. Dort gab es für sie kein Wasser, aber — gemäß dem Kommissarbefehl Hitlers — dafür eine Kugel ins Genick. Nach diesem hinterhältigen, jeder Kriegsrechts-Konvention widersprechenden Mord wurden die Leichen in das im Lager befindliche Krematorium transportiert, um dort verbrannt zu werden. Im Duschraum wurde das Blut mit der Dusche weggespült, dann etwas Sägemehl gestreut, und die nächsten konnten kommen. In der Rückwand des Duschraumes war in entsprechender Höhe ein Schlitz angebracht, durch den ein dahinter-stehender SS-Mann den tödlichen Genickschuss abgeben konnte. Um eventuelle Geräusche zu übertönen, wurde in einem Nebenraum laute Musik eingeschaltet.

Bei diesen russischen Kriegsgefangenen handelte es sich um ausgesuchte Leute, wie Kommissare oder ähnliche Offiziere. Um nach aussen hin ein Alibi für den Verbleib dieser Gefangenen zu haben, wurden gewöhnliche russische Kriegsgefangene innerhalb des Lagers untergebracht. Sie konnte man gegebenenfalls dem Internationalen Roten Kreuz vorzeigen. Früher wurden diese Kommissare in kleinerem Umfang noch in der Uniform erschossen, aber mit der Weiterentwicklung des Krieges und der Zunahme der Gefangenenzahlen ging die SS zur fabrikmässigen systematischen Vernichtung dieser Gefangenen über. Damit setzte sie ihre Brutalitäten rücksichtslos fort. Der russische Häftling, der mit seinen Sprachkenntnissen der SS dabei Helferdienste leistete, war kein Kommunist; im Gegenteil, er kam aus gut bürgerlichen Kreisen des alten Russland. Für uns Häftlinge war er ein sehr gefährlicher Mann. Denn wir wussten, daß er mit der SS zusammenarbeitete und auch zu Spitzeldiensten bereit war. Wir Politischen gingen ihm aus dem Weg. Warum er von den Nazis ins KZ gesteckt wurde, war uns nicht klar. Als Spitzel war er eine ungeeignete Figur. Wie schon erwähnt, kamen diese Transporte abends, und nach dem Abendappell begann das Sonderkommando 99 in dieser Genickschußanlage seine grausige Tätigkeit. Wenn wir abends auf dem Appellplatz spazieren gingen, konnten wir den Geruch der Verbrennungsaktion wahrnehmen.

Zu diesem Sonderkommando 99 wurden die Kommandoführer und Blockführer des Lagers abwechslungsweise kommandiert. Dieser Kreis von Scharführern wurde gewählt, um die Vorgänge möglichst geheim zu halten. Trotzdem wussten wir Bescheid, was dort vor sich ging. Diese gemeine Art, Kriegsgefangene zu töten, war sogar einem Teil der SS-Leute eine Nervenbelastung. Wenn sie an der Reihe waren, konnten die Häftlinge bei ihnen mitunter eine grössere Nervosität feststellen trotz der Vergünstigungen, wie Schnaps, Zigaretten und ähnlichem. Ausser ihrem Verhalten gab es manchmal auch andere Anhaltspunkte für ihre Beteiligung an diesem Mordgeschäft. Willi Bleicher erzählte mir einmal, daß er beim Reinigen der Knobelbecher seines Kommandoführers unten an den Sohlen zwischen den Nägeln blutverschmiertes Sägemehl festgestellt hätte; sein Kommandoführer sei wieder bei der Schiesserei im Pferdestall dabeigewesen. Andere Häftlinge hatten bemerkt, wie ihr Scharführer abends mit Stahlhelm und umgeschnalltem Revolver zum Tor hinausging, ein sicheres Zeichen, daß wieder im Pferdestall geschossen wurde. Diese Genickschussanlage habe ich nach der Befreiung zum erstenmal gesehen. Vorher war es nicht möglich, an dieses Objekt heranzukommen.

Wenn die Anlage in Tätigkeit war, hatte das Krematorium Hochbetrieb; die dort beschäftigten Häftlinge mussten die ganze Nacht hindurch Leichen verbrennen. Kein Wunder, daß der Kamin geborsten war und mit eisernen Bandagen zusammengehalten werden musste. Wenn ich mich an den früheren Zustand zurückerinnere, als es in Buchenwald noch kein Krematorium gab, die Leichen zur Verbrennung nach Weimar transportiert werden mussten, dann wäre ein solches Unternehmen kaum möglich gewesen. Offensichtlich hatte die Planung der Genickschussanlage zum Bau des Krematoriums wesentlich beigetragen. In diesem Krematorium wurden nicht nur die im Lager anfallenden Leichen verbrannt. Es kamen auch die Leichen von Aussenkommandos hinzu, insbesondere die vielen Leichen vom Aussenkommando »Dora« bei Nordhausen, als dieses später selbständige Lager noch im Aufbau war.

Im Lager selbst gab es täglich immer mehr Tote. Im kleinen Lager, in dem die schlechtesten Verhältnisse herrschten, war es besonders schlimm. Morgens lagen vor den Baracken 4 oder 5 Leichen, häufig nackt, weil die noch Lebenden die Kleider an sich nahmen. Solche Bilder habe ich mit eigenen Augen gesehen. So kam es, daß morgens die erste Durchsage des Rapportführers durch die Lautsprecheranlage lautete: »Leichenträger ans Tor!«. Von nun an war dies der Morgengruß im Lager.

26. »Juschu«, der Polenjunge

Im August 1944 kam ein Transport mit polnischen Häftlingen aus einem polnischen Lager zu uns nach Buchenwald, der wie des öfteren lange unterwegs war. Da es sich um einen größeren Transport handelte, beanspruchte die Aufnahme dieser Männer längere Zeit. Wie üblich, wurden die Friseure der Blocks zusammengerufen, um den Ankömmlingen sämtliche Körperhaare zu schneiden. Anschließend wurden sie desinfiziert und gebadet. Dies geschah in der Effektenkammer; dort mußten sie auch ihre eigenen Sachen und Kleider abgeben. Wie mir Willi Bleicher, Kapo dieses Kommandos, kurze Zeit später erzählte, hatte ein Pole in einem Sack ein kleines Kind mitgebracht. Plötzlich sei er dadurch vor der Entscheidung gestanden, entweder das Kind der SS zu überlassen, was mit Sicherheit Transport nach Auschwitz und Vergasung bedeutet hätte, oder angesichts des bittenden Vaters das Kind zu verstecken. Willi wußte um die Gefahr dieser Entscheidung; denn Buchenwald war nicht für die Unterbringung kleiner Kinder vorgesehen. Zum andern wußte er nicht, wie der Kommandoführer reagieren würde, sollte diesem bekannt werden, daß in seinem Kommando ein polnisches Kind versteckt gehalten würde. Ein solcher Vorgang hätte nicht längere Zeit geheim bleiben können. Willi entschied sich aus humanitären Erwägungen für das Verstecken, mit allen Risiken, die damit verbunden waren. Diese Entscheidung mußte er schnell und allein treffen, eine vorherige Beratung war in diesem Fall nicht möglich. So wurde das kleine Geschöpf in der Effektenkammer versteckt und vorerst eine Vergasung in Auschwitz verhindert. Bald darauf fragte mich mein Küchenchef, der wußte, daß ich mit Willi befreundet war, ob es wahr sei, daß in der Effektenkammer ein Kind sei. Darauf erwiderte ich ihm, ich wüßte nichts davon. Vor dem Kommandoführer der Effektenkammer konnte dieser Vorgang, wie gesagt, nicht geheim gehalten werden. Nach Bekanntwerden war er bereit, die Aufnahme des Kindes ins Kommando zunächst zu dulden. So kam es, daß das Kind die Häftlingsnummer 67.509 erhielt und im Kommando Effektenkammer geführt wurde. Vom Vater des Kindes, der in einer Lagerbaracke untergebracht war, konnte Willi Näheres erfahren. Es war Dr. Zacharias Zweig, Rechtsanwalt aus Krakau, sein Sohn hieß Jerzy Zweig und wurde am 28. Januar 1941 in Krakau geboren. Ein gutmeinender Pole des Kommandos gab Jerzy den Kosenamen »Juschu«, der bis heute Bestand hat.

Willi Bleicher betreute Juschu, als ob es sein eigener Sohn wäre. Er ließ in der DAW-Schreinerei ein Kinderbett fertigen und organisierte das notwendige Bettzeug. Für die Verpflegung wurde von verschiedenen Seiten gesorgt, sodaß der Kleine gedeihen konnte. In der Effektenkammer war eine Hündin, die »Senta«. Sie wurde dort eingesetzt, weil — wie erwähnt — Effektensäcke wegen Platzmangels im Freien unter einem behelfsmäßigen Dach gestapelt wurden. Diese hatte sie zu bewachen. »Senta« war aber zugleich auch ein Spielzeug für Juschu; während sie gegenüber Fremden sehr scharf war, konnte Juschu alles mit ihr machen, sogar auf ihr reiten. Wenn Juschu schlief, legte sich Senta als

Wächter vor das Bettchen. Wenn wir Schwaben uns sonntagsnachmittags bei schlechtem Wetter in der Effektenkammer trafen, konnten wir das Familienidyll Willi-Juschu bewundern, wie Willi seinen Schützling umsorgte und sich intensiv mit ihm beschäftigte. Für »Senta« brachte ich dann immer eine Kaffee-Tüte voll Knochen mit zum Nagen. Das wußte sie schon, sie sprang immer gleich auf mich zu, um ihr Sonntags-Menu in Empfang zu nehmen.

Eines Tages kam ich zu Willi in die Effektenkammer. Da saß er ganz traurig am Bettchen von Juschu; dieser hatte hohes Fieber, und Willi machte sich große Sorgen um ihn. Aber nach einigen Tagen ging das Fieber zurück, und bald war Juschu wieder munter und Willi beruhigt.

Nicht lange dauerte dieser Zustand: Der Kommandoführer der Effektenkammer wollte das Kind in seinem Kommando nicht mehr länger dulden. Er verlangte die Entfernung. Aber wohin mit dem Kind? Es war zwar gut dressiert, auf den Ruf »SS« zu reagieren und sich ruhig zu verhalten. Der Vater hatte den Kleinen wiederholt in Ghettos und Lagern versteckt und ihm diese Methode beibringen müssen. Zunächst hatte Ludwig Becker als Blockältester in seinem Block den Juschu versteckt. Dies ging aber nur ganz kurz, dann hatte man ihn zu Eugen Waller, Blockältester im kleinen Lager, gebracht. Dort war es etwas günstiger, weil die SS nur ungern hinein kam. Ein weiteres Versteck war die Isolierstation für Typhusverdächtige. An dieser Stelle war mehr Sicherheit zu erwarten, weil sich die SS dort nicht hinein wagte. Trotz all dieser Bemühungen konnte nicht verhindert werden, daß Juschu auf die Transportliste kam. Das aber hätte Liquidierung bedeutet. Willi Bleicher war ganz verzweifelt. In seiner Not ging er ins Revier und besprach die Situation mit dem Kapo, auch ein Politischer. Letzterer war bereit, Juschu eine Spritze zu geben, so daß er hohes Fieber bekam. Dies war ein Grund, ihn auf der Transportliste zu streichen und ihn bis auf weiteres im Revier zu belassen. Nachdem Juschu dort von politischen Häftlingen bis zur Befreiung des Lagers betreut wurde und Willi Bleicher Ende Oktober 1944 im Lager aus anderem Anlaß verhaftet und verschleppt wurde, rissen meine Verbindungen zu Juschu und Willi ab. Jedenfalls konnten Juschu und sein Vater Buchenwald nach der Befreiung lebend verlassen. Heute lebt Juschu mit Frau und Kindern in Wien. Später erfuhr ich, daß seine Mutter, seine um 8 Jahre ältere Schwester und seine Großeltern im November 1944 in Auschwitz ermordet wurden; sein Vater verstarb nach einigen Jahren.

Die Geschichte von Juschu veranlaßte den künstlerisch veranlagten politischen Häftling Bruno Apitz darüber einen Roman zu schreiben mit dem Titel »Nackt unter Wölfen«. In seiner dichterischen Freiheit hatte er die Folterungen Bleichers und seiner Kameraden vom Kommando mit der Geschichte von Juschu in Verbindung gebracht, obwohl die Verhaftung Bleichers und die Folterungen aus einem anderen Grund erfolgten, auf den ich später noch zu sprechen kommen werde. Auch sonst hat sich einiges anders zugetragen als im Buch geschildert. Aber schließlich ist es ein Roman und keine Dokumentation. Den Zweck dieses Romans, den brutalen Methoden des Faschismus den Humanismus, die Solidarität der Häftlinge gegenüberzustellen, hat er damit erreicht. Bruno Apitz war ein angenehmer Kamerad, der in der Nähe der Küche tätig war, weshalb ich öfter mit ihm sprach. Er modellierte und schnitzte gern, um seiner künstlerischen Leidenschaft zu frönen.

27. Der Fliegerangriff

Pfingsten 1944: wunderschönes Wetter, wir saßen am Nachmittag, nur mit Sporthöschen bekleidet, bei Willi Bleicher in der Effektenkammer, in einer Ecke im Freien, die von keiner Seite eingesehen werden konnte. Wie üblich Diskussion über die politische und militärische Lage, die sich immer mehr zum Nachteil der Nazis entwickelte. In Ost und West wurden die Fronten »begradigt«, die feindlichen Luftangriffe nahmen immer größere Dimensionen an — ohne wirksame deutsche Abwehr. Während wir darüber sprachen, plötzlich »siehe da«, am klarblauen Himmel zog ein großer Pulk feindlicher Flieger ungestört dahin. Kein Schuß, kein deutsches Flugzeug belästigte diese silberglänzenden Vögel. Was Winston Churchill, der englische Premierminister, zur Zeit der lästigen deutschen Fliegerangriffe auf England seiner Bevölkerung versprach, hatte er gehalten. Er sagte damals: »In 3 Jahren werden wir die Luftüberlegenheit errungen haben« — nun war es so weit. Vor den feindlichen Fliegern hatten wir keine Angst, von ihnen erwarteten wir keine Angriffe aufs Lager. Eher hatten wir Befürchtungen vor deutschen Flugzeugen, die das Lager gelegentlich überflogen. Bestand doch die Gefahr, daß sie einen Vernichtungsschlag gegen uns führen könnten, um ihn nachher als Schandtat der Feinde in der Öffentlichkeit zu publizieren. Wir hatten viele Luftangriffe bei Tag und bei Nacht auf die Städte in der Umgebung von Buchenwald erlebt. Weimar, Erfurt, Jena und andere Städte wurden öfter heimgesucht. Immer hörten wir die Detonationen der Bomben, sahen bei Nacht die Christbäume am Himmel. Bei Tag ging die Arbeit in allen Kommandos ungestört weiter; bei Nacht mußten wir in unseren Holzbaracken bleiben. Für uns gab es keinen Schutz.

Der Glaube, daß feindliche Flieger kein Interesse daran haben würden, ein KZ anzugreifen, wurde am 24. August 1944 widerlegt: Genau um die Mittagszeit Fliegeralarm, und schon hörten wir das Brummen der feindlichen Flugzeuge. Keiner von uns dachte daran, daß dieser Angriff uns gelten könnte. In der Küche hatten wir gerade das Essen zur Ausgabe bereit gestellt; plötzlich eine starke Detonation und schon fiel das obere Fenster über der geöffneten Küchentür samt Rahmen in die Küche herein, direkt neben mir und dem Küchenchef, der sich zur Essenausgabe dort aufgestellt hatte, so stark war der Luftdruck. Später erfuhren wir, daß diese Bombe wie auch weitere Sprengbomben den Divisionsnachschub und die SS-Kasernen getroffen hatten, alles massive Gebäude aus Stein und Beton. Der Küchenchef flüchtete sofort in den untersten Stock des Kartoffelkellers; dafür bekam er nachher einen Verdienstorden. Die Küchenhäftlinge folgten in den Kartoffelkeller nach; nur der Kapo, zwei Kameraden und ich blieben in der Küche und suchten zwischen Kochkesseln Schutz gegen eventuell herabfallende Brocken. Dies hatte sich gelohnt; denn bald fiel eine Brandbombe aufs Küchendach, die wir sofort entfernen konnten. Auf die neben der Küche befindliche Holzbaracke, in der Lebensmittel gelagert waren, fiel ebenfalls eine Brandbombe, die einen Brand verursachte. Um diesen zu löschen, fehlte das Wasser, denn die Wasserleitung war getroffen worden. In dieser Notlage verwendeten die Häftlinge den in Transportkesseln abgefüllten Kaffee zum Löschen, um die für uns wichtigen Lebensmittel so gut wie möglich zu retten.

Dieser Luftangriff galt nicht dem Lager selbst, sondern den Rüstungsbetrieben und den Gebäuden der SS. Die aus Stein und Beton erstellten Gebäude wurden mit Sprengbomben belegt. Auf die DAW-Werkstätten, alle in Holzbaracken ausserhalb des Lagers untergebracht, wurden nur Brandbomben geworfen. Von diesen wurden einige unbeabsichtigt durch den Wind ins Lager getrieben. Von beiden Seiten, von Häftlingen und SS, wurde anerkannt, daß diese Flieger Maßarbeit geleistet hatten. Die Gustloff-Werke außerhalb des Lagers waren fast ganz zerstört. Auch andere Rüstungsbetriebe, die außerhalb des Lagers angesiedelt waren, wurden stark beschädigt. Nicht unerwähnt lassen möchte ich den MI-Bau (Mittelbau); dort wurden Teile für die V2 hergestellt, was vermutlich ein wesentlicher Anlaß für die Engländer war, diesen Fliegerangriff zu starten. Mein Freund Eugen Waller war damals Kapo in einem kleinen Kommando in diesem Bereich. Er hat mich einmal mit hinausgenommen, weil mich die V2-Angelegenheit sehr interessierte. Dort konnte ich nur große Stahlringe sehen, mit einem Durchmesser von etwa 80 bis 100 cm. Ob diese Ringe zum Gerippe der V2 gehörten oder nur als Vorrichtungen zum Anpassen der Außenbleche dienten, konnte ich nicht feststellen.

Dieser Fliegerangriff forderte bei den Häftlingen, die außerhalb des Lagers beschäftigt waren, einige hundert Tote und ein mehrfaches an Verwundeten. Die Häftlinge konnten sich nicht schützen, sondern waren dem verheerenden Geschehen hilflos ausgesetzt. Auch die SS hatte annähernd 100 Tote und eine entsprechende Verwundetenzahl. Die Villen der SS-Offiziere außerhalb des Lagers wurden in Mitleidenschaft gezogen, wobei die Familie des 1. Lagerführers, SS-Sturmbannführer Schobert, ums Leben kam. Neben diesen Verlusten gab es durch den Fliegerangriff noch einige Tote mehr. Außerhalb des Lagers befand sich die E-Baracke. Dort wurden prominente Häftlinge zeitweise untergebracht, wie Léon Blum, französischer Ministerpräsident der Linksregierung 1936, Rudolf Breitscheid, vor 1933 Vorstandsmitglied der SPD, und andere Persönlichkeiten. Diese Baracke war besser ausgestattet als die Lagerbaracken. Hans Rueß, Kapo der Installateure, nahm mich einmal mit zu dieser Baracke. Sie war in einzelne Zimmer aufgeteilt. Ein nicht belegtes Zimmer konnte ich besichtigen; die Größe entsprach etwa den Einzelzellen in normalen Haftanstalten. Auf der einen Seite stand ein Feldbett mit blau-weiß karierter Bettwäsche, auf der anderen Seite hing ein Wandschrank, darunter stand ein Tisch und ein Stuhl, alles in allem eine sehr einfache Ausstattung, aber angenehmer als in einem Block des Lagers. Diese Baracke wurde beim Fliegerangriff ebenfalls getroffen. Rudolf Breitscheid und eine italienische Prinzessin, die hier in Haft waren, kamen dabei ums Leben.

Die Tatsache, daß Rudolf Breitscheid beim Fliegerangriff ums Leben kam, hatten die Nazis sofort ausgenützt. Sie holten Ernst Thälmann, den Vorsitzenden der KPD, von seinem bisherigen Haftort nach Buchenwald und erschossen ihn hinterrücks. In der Presse teilten sie mit, Ernst Thälmann sei bei einem englischen Fliegerangriff auf Buchenwald am 28. August 1944 ums Leben gekommen. Die Engländer gaben im Radio durch, daß sie am 28.8. keinen Angriff auf Buchenwald geflogen hätten. Tatsache ist, daß Ernst Thälmann zuvor nie in Buchenwald war und erst nach dem Fliegerangriff nach Buchenwald transportiert wurde; daher die Zeitverschiebung in der nazideutschen Nachricht vom 24. zum 28. August 1944. An dem Tag, an dem die Leiche Thälmanns verbrannt wurde, traf ich vormittags auf der Lagerstraße den polnischen Häftling, der für das Kommando Krematorium immer das Essen holte. Ich fragte ihn, ob er heute nicht arbeiten wollte. Er antwortete, er dürfe heute nicht ins Krematorium, obwohl er sonst immer bei Verbrennungen dabei war, auch bei russischen Kriegsgefangenen. Die SS wollte diesen Mord geheim halten, aber das ist ihr nicht gelungen. Es gab zu viele sichere Anzeichen für diese gemeine Tat. Willi Bleicher erzählte mir damals, daß sein Kommandoführer zu ihm gesagt hatte: »Deinen Thälmann haben wir erschossen.«

Da bei dem Fliegerangriff die Wasserleitung beschädigt wurde, war die Küche ohne Wasser, ein schlimmer Zustand. Das Revier bat dringend um Kaffee für die vielen Verwundeten. Um diesem Wunsch nachkommen zu können, mußte die Lagerfeuerwehr eine provisorische Schlauchleitung legen, damit wir die Kochkessel füllen und Kaffee kochen konnten. Zu dem anschließenden Essenkochen mußten wir ebenfalls diese umständliche Methode mit der Schlauchleitung anwenden, bis die Wasserleitung wieder in Takt war. Außer in der Küche wirkte sich der Wassermangel auch im Lager verheerend aus: alle Blocks ohne Wasser, kein Trinkwasser, kein Waschwasser, und was noch schlimmer war, die Wasserspülung in den Klosetts fiel aus. Letztere waren übervoll und dies im August; ein unerträglicher Gestank im ganzen Lager. Als Notlösung wurden außerhalb der Blocks die Deckel über den Schächten der Entwässerung abgehoben und darüber ein provisorisches Holzgestell errichtet, das als Klosett im Freien dienen mußte; um Seuchen zu vermeiden, wurden noch Desinfektionsmittel verstreut.

Trotz der vielen toten und verwundeten Häftlinge, trotz der Unannehmlichkeiten wegen der beschädigten Wasserleitung, wurde dieser Fliegerangriff von den politischen Häftlingen positiv beurteilt. Einerseits zeigte er doch die Schwäche des 3. Reiches auf und zum andern schüchterte er die SS ein, was sich in ihrem Verhalten gegenüber uns auswirkte. Wir bekamen jedenfalls mehr Hoffnung auf ein baldiges Ende dieses grausamen Krieges.

28. Aufbau der illegalen Organisation

Über den Aufbau des KZ Buchenwald und den damit zusammenhängenden Aufbau der illegalen Organisation im Lager kann ich nur das wiedergeben, was mir alte Lagerhasen erzählten. Vor allem waren dies mein KPO-Genosse Robert Siewert und mein Küchenkapo Erich Vogt, die beide aus den KZ-Lagern Lichtenburg und Sachsenburg kamen.

Im Juli 1937 wurde 8 km entfernt von der Stadt der deutschen Dichterfürsten Schiller und Goethe, Weimar, auf dem zwischen 400 und 500 m hohen Ettersberg, mit der Errichtung des Konzentrationslagers Buchenwald begonnen. Die Nazis fanden dafür keinen »sinnigeren« Platz als die Goethe-Eiche, unter der Goethe so gerne gesessen hatte. Was hätten diese beiden Dichter wohl gesagt zu einem solch schändlichen Unterfangen, wenn sie noch gelebt hätten? Die Nazis hatten keine Skrupel; sie liessen das Lager von Häftlingen um die Goethe-Eiche herum bauen. Zunächst traf ein Vorkommando ein, das aus grünen Häftlingen bestand, welche sogleich die Häftlingsfunktionen im Lager übernahmen, im Einvernehmen mit der den Grünen wohlgesinnten Lagerleitung. Ich konnte mir vorstellen, welche Verhältnisse damals geherrscht haben mußten, als bald nach den Grünen auch politische Häftlinge kamen:

Noch keine Unterkunft, kein Wasser, kein Strom, keine sanitären Anlagen. Dazu eine überlange tägliche Arbeitszeit, gehetzt von der SS und den Grünen. Unter diesen Bedingungen lag es nahe, daß sich die politischen Häftlinge Gedanken machten, wie sie ihre Lage verbessern konnten. Was lag näher als die Erkenntnis, daß nur gemeinsames Handeln erfolgversprechend sein konnte. Ihr fachliches Können, ihr charakterliches Verhalten waren günstige Voraussetzungen, um sich im entstehenden Lager und auch bei der SS durchsetzen zu können. Als Willi Bleicher anschließend an seine Gefängnishaft in Ulm 1938 nach Buchenwald kam, lag die Häftlingsverwaltung mit wenigen Ausnahmen noch in den Händen der Grünen; aber es gab eine illegale politische Organisation.

Ende September 1939, als ich von Dachau nach Buchenwald kam, erzählte mir Willi, daß der Revierkapo Walter Krämer, preussischer Landtagsabgeordneter der KPD, dabei eine führende Rolle spielte und weitere KPD-Leute mit von der Partie wären. Mich interessierte verständlicherweise die Einstellung der KPD-Leute zu uns Anhängern der KPO nach den harten Auseinandersetzungen vor 1933. Auf diese Frage berichtete mir Willi, daß zwei Kameraden der KPD, Albert Kuntz, früher sächsischer Landtagsabgeordneter, und Walter Bartel aus Berlin, von ihm erwartet hätten, daß er Selbstkritik übe, also zugebe, daß die Politik der KPD richtig gewesen sei, jedoch die KPO falsch gelegen hätte. Dieses Ansinnen habe er abgelehnt und den beiden bei einer längeren Aussprache klar gemacht, daß die tatsächliche Entwicklung das Gegenteil bewiesen habe.

Nach diesem Intermezzo war die Angelegenheit ausgestanden. Von nun an gab es keine Differenzen mehr, weder mir noch Ludwig Becker noch Robert Siewert wurde eine solche Frage gestellt, die wir in der gleichen Weise beantwortet hätten. Soweit ich damals Einblick in die illegale Organisation hatte, standen wahrscheinlich Walter Krämer und Albert Kuntz an deren Spitze, unterstützt von weiteren politischen Häftlingen, die wichtige Funktionen im Lager hatten. Zunächst handelte es sich nur um Reichsdeutsche. Unter den gegebenen Bedingungen waren demokratische Methoden zur Auswahl von Funktionären verständlicherweise nicht möglich. Entscheidend war jeweils das Verhalten des politischen Häftlings früher und jetzt im Lager. Meistens war es so, daß der eingelieferte Politische den Kameraden aus seinem Heimatort bereits bekannt war, oder während der üblichen langen Untersuchungshaft durch sein Verhalten das Vertrauen anderer Häftlinge gewonnen hatte.

Wenn Zweifel über die Vergangenheit eines Häftlings bestanden, gab es auch die Möglichkeit, in den Unterlagen der Effektenkammer nachzusehen. Dort befanden sich bei den Effekten die Gerichtspapiere. Da der illegale Organisationsaufbau nach Landsmannschaften durchgeführt wurde, war es nicht möglich, sich in diese Organisation einzuschleichen. Kam ein Häftling mit rotem Winkel ins Lager, wurde zuerst geprüft, ob er überhaupt ein Politischer war; denn nicht jeder mit rotem Winkel war ein Politischer. Es gab auch andere als politische Gründe für rote Winkel, und umgekehrt wurde in Einzelfällen den Politischen ein falscher Winkel angenäht, zum Beispiel grün (kriminell), oder schwarz (arbeitsscheu), wenn sie von der SS verleumdet werden sollten.

Es bestand auch die Gefahr, daß die SS eventuell versuchen könnte, einen Spitzel mit dem roten Winkel einzuschleusen. In jedem Fall wurde zur Prüfung eines Häftlings immer der Leiter der Landsmannschaft eingeschaltet, bei uns Schwaben Hans Rueß aus Esslingen. Wenn er nichts über den Prüfling sagen konnte, zog er Kameraden aus dem Heimatort zur Beurteilung heran. Da es sich vorwiegend um Kommunisten handelte, war die Kontrolle im allgemeinen nicht schwierig. In Einzelfällen, in denen Zweifel bestanden, wurden diese Kandidaten längere Zeit beobachtet. Dieser Beobachtung konnte sich keiner entziehen. Entweder war er im Block in Gemeinschaft oder im Kommando, allein war er nie.

Was für die Kommunisten galt, wurde auch bei Sozialdemokraten und eventuellen Sympathisanten praktiziert. Wenn sie für einwandfrei befunden wurden, stand ihrer Aufnahme in die illegale Organisation nichts mehr im Wege. Mitgliedskarten oder ähnliches gab es nicht, aber dafür das schöne Wort »Kumpel«. Dieser Begriff aus dem Bergbau, wo der Einzelne auf die Kameradschaft und Zuverlässigkeit der Anderen angewiesen ist, konnte nicht treffender sein für unsere Situation. Wenn ein Häftling in unserem Kreis als Kumpel bezeichnet wurde, dann wußte man: Das war einer der Unsrigen, auf den konnte man sich verlassen. Dies galt nicht nur für Kommunisten, sondern gleichmaßen auch für Angehörige der SPD, SAP, KPO, Gewerkschaften und ähnlichen Organisationen. Wären diese Einsichten und diese Zusammenarbeit schon vor 1933 vorhanden gewesen, es hätte wahrscheinlich kein 3. Reich gegeben.

Außer dieser illegalen politischen Organisation wurde später noch eine illegale militärische Gruppe organisiert. Diese sollte nicht den Kampf mit der SS aufnehmen, das Kräfteverhältnis wäre zu ungünstig gewesen. Wir gingen davon aus, daß uns die SS nicht lebend der Zukunft überlassen würde, sondern die Liquidierung aller Häftlinge plante. Für diesen Fall hätte ein Ausbruch versucht werden sollen, um nicht kampflos vernichtet zu werden. Bei einem eventuellen Abtransport wären etwas günstigere Chancen zur Gegenwehr gegeben gewesen. Diese Überlegungen veranlaßten uns, militärische Vorsorge zu treffen. Für diesen Zweck kamen nur absolut zuverlässige Kumpel in Frage. Dieser Kreis war naturgemäß kleiner als die politische Organisation. Später wurden auch russische Kriegsgefangene einbezogen. Die illegale Beschaffung von Waffen war überhaupt erst möglich, weil außerhalb des Lagers die Gustloff-Werke waren, in denen Waffen hergestellt wurden. Sie konnten in Einzelteilen ins Lager geschmuggelt werden. Ein guter Fang gelang beim Durcheinander des Fliegerangriffs. Den Umgang mit diesen Waffen brachten uns ehemalige Soldaten bei. Ludwig Becker, der den 1. Weltkrieg von Anfang bis Ende an der Front mitgemacht hatte und als Offizierstellvertreter abging, war der Lehrmeister für Willi Bleicher und mich. Im Heizgang der Effektenkammer erhielten wir ein Gewehrschloß und einen Revolver, beides mußten wir auseinandernehmen und wieder zusammensetzen, um damit vertraut zu werden. Außerdem war noch ein Modell einer Eierhandgranate vorhanden, mit dem wir die Anwendung dieser Waffe kennen lernen konnten. Zum Glück brauchten diese Waffen nicht zum Einsatz zu kommen.

29. Die illegale Tätigkeit

Der Rahmen für die Tätigkeit der Kumpels war zunächst die Landsmannschaft. Der Verantwortliche dieses Kreises hatte die Aufgabe, in kleinen Gruppen seines Bereichs über Vorgänge im Lager, über die politische und militärische Lage zu informieren und darüber zu diskutieren. Wenn dafür kein geeigneter Ort zur Verfügung stand, wurden solche Aussprachen abends oder an Sonntagen bei Spaziergängen im Lager durchgeführt. Ludwig Becker, Willi Bleicher und ich, manchmal auch noch Eugen Waller, bildeten eine Gruppe. Hans Rueß, der Zuständige für die Schwaben, kam des öfteren auch außerhalb der offiziellen Informationen zu uns. Eines Tages berichtete er im Auftrag der illegalen Lagerleitung über die sogenannte »Brüsseler Konferenz«.[1] Es handelte sich um die Konferenz der KPD, die im Oktober 1935, zwei Monate nach dem VII. Weltkongress der Kommunistischen Internationale vom August 1935 in Moskau stattgefunden hatte. Zur Tarnung wurde als Tagungsort nicht Moskau, sondern Brüssel angegeben. Dieser Bericht war für uns sehr interessant. Denn der Bulgare Dimitroff, bekannt durch den Reichstagsbrand-Prozess 1933, hatte dort Ausführungen gemacht, die von der KPO lange vor 1933 schon vertreten wurden. Dimitroff verurteilte die falsche Stellungnahme der KPD, daß die Brüning-Regierung bereits eine Regierung der faschistischen Diktatur gewesen sei, und wandte sich gegen die Kraftmeierei, insbesondere von Heinz Neumann, dem Vertreter der deutschen Kommunistischen Partei, der erklärt hatte: »Wenn das 3. Reich Hitlers einmal kommen sollte, dann nur anderthalb Meter unter der Erde; über der Erde aber werden wir eine siegreiche Arbeitermacht haben.«

Weiter wurde von Hans Rueß berichtet, daß Dimitroff der Meinung gewesen sei, der Kampf gegen den Faschismus sei nicht nur eine Angelegenheit der Kommunistischen Partei, sondern der ganzen Arbeiterklasse. Deshalb wären gemeinsame Aktionen mit den Sozialdemokraten und Gewerkschaften notwendig gewesen. Dazu hätten die Kommunisten nur eine einzige Bedingung stellen sollen, nämlich diese gemeinsamen Aktionen hätten gegen den Faschismus gerichtet sein müssen.

Diesen Bericht hatten wir mit Befriedigung zur Kenntnis genommen; anders eine andere Gruppe, der nur KPD-Leute angehörten, wie uns Hans Rueß etwas später erzählte. Diese Gruppe hätte ihm vorgeworfen, er habe nicht korrekt berichtet, er sei unter dem Einfluß der KPO-Leute gestanden, mit denen er öfter zusammengekommen sei. Sie würden sich in dieser Angelegenheit ein Stufe höher erkundigen. Dort mußten sie allerdings das gleiche über die selbstkritische Haltung von Dimitroff erfahren.

Die Brüsseler Konferenz war zwar interessant, aber sie gehörte der Vergangenheit an. Für uns waren die laufenden großen politischen Probleme, die Vorgänge in der Welt, von Bedeutung. Dazu benötigten wir Informationen. Da war zunächst das Radio, das abends eingeschaltet und durch das der Wehrmachtsbericht über den Lautsprecher durchgegeben wurde. Wer Geld hatte, konnte die Thüringer Gauzeitung oder eine Zeitung aus seiner Heimat abonnieren. Dadurch kamen Zeitungen aus Ost und West im Lager zusammen, die manchmal kritische Urteile über das 3. Reich im Ausland erkennen ließen, die aus der Gauzeitung nicht zu ersehen waren. Von den Zuständen aus dem In- und Ausland war manches zu erfahren, was nicht in der Zeitung stand. Die wichtigsten Informationen mußten aber illegal beschafft werden. Das Abhören von Fremdsendern war dabei die ergiebigste Methode, aber auch die gefährlichste. Trotzdem wurde sie an verschiedenen Stellen des Lagers praktiziert. So hatte auch ich die Gelegenheit, Informationen des englischen Senders zu erhalten. In der Baracke gegenüber der Küche war die Elektro-Werkstätte untergebracht. Dort wurde nicht produziert, sondern nur repariert. Der junge Kumpel Herbert Thiele hörte immer wieder, mit Billigung seines Kapos, eines sozialdemokratischen Kumpels mit dem Vornamen Armin, den englischen Sender ab. Von ihm bekam ich meine Informationen. Wenn ich abends mit Ludwig Becker zusammen kam, brachte auch er Nachrichten mit, die wir miteinander verglichen. Er hatte seine Informationen von einer anderen Stelle.

Die Ereignisse, besonders auf militärischem Gebiet, gaben genügend Stoff für Diskussionen im Rahmen der illegalen Organisation wie auch im privaten Bereich. So waren wir mächtig überrascht über die deutsche Offensive im Westen Mitte Mai 1940 und dem nach 6 Wochen abgeschlossenen Waffenstillstand. Wir hatten noch das Frankreich des 1. Weltkrieges, die Kämpfe um Verdun in Erinnerung und konnten dieses Versagen, trotz Maginotlinie, nicht begreifen. Ein Jahr später eine neue, aber gewichtigere Überraschung: Am 22. Juni 1941 kam mein Kapo schon in aller Frühe an mein Bett und sagte zu mir, die Deutschen sind in Russland einmarschiert. Demnach hatte also der Nichtangriffspakt nichts genützt. Das schnelle Vordringen der Deutschen, die bald vor Leningrad und Moskau standen, hatte bei den Häftlingen Niedergeschlagenheit und Resignation ausgelöst. Ein junger Kumpel kam in der Küche auf mich zu; er war ganz erschüttert und meinte, jetzt ist alles aus, wir werden nie mehr aus dem Lager lebend herauskommen. Obwohl auch ich enttäuscht war, daß die Russen sich so überrumpeln ließen, versuchte ich ihn zu trösten. Ich sagte zu ihm: »Moskau ist nicht Russland, dahinter kommt noch viel.« Dabei erinnerte ich ihn an Napoleon, der 1812 den Krieg verloren hatte. Auch mit Ludwig Becker besprach ich dieses Ereignis. Wir waren beide der Auffassung, daß die Deutschen so große Truppenverbände, wie sie für einen solchen Angriff nötig waren, nicht still und leise heranführen konnten, es sei denn, die Russen waren zu vertrauensselig. Ludwig meinte noch, den Schauprozessen in Moskau 1936 wären fähige Militärs zum Opfer gefallen, die jetzt fehlen würden.[2)] Über den letzteren Vorgang war ich damals nicht informiert; in der fraglichen Zeit war ich in Untersuchungshaft und später in Einzelhaft und dadurch ohne Informationen, während Ludwig erst 1939 verhaftet wurde und diese Vorgänge mitbekommen hatte.

Weitere Diskussionen wurden geführt anläßlich des deutschen Überfalls auf Dänemark und Norwegen 1940. Damals wurden dänische Polizisten und norwegische Studenten nach Buchenwald gebracht. Ein Jahr später 1941 stand der Sprung der deutschen Truppen nach Nordafrika zur Debatte, dem 1942 die Landung amerikanischer und britischer Truppen in Nordafrika folgte. Anfang 1943 erlitt die deutsche Wehrmacht in Stalingrad eine entscheidende Niederlage. Wir konnten nicht verstehen, warum damals in dieser aussichtslosen Lage viele zehntausende deutsche Soldaten sinnlos dem Hitler-Eid geopfert wurden. Dieses Ereignis bedeutete für den Verlauf des Krieges eine Wende: Vorbei war es mit den gewohnten Siegen; jetzt folgten die Niederlagen. Auch für uns im Lager war es eine Wende, denn die SS wurde unsicher, das Draufgängertum ließ nach. Die SS-Leute wurden nachdenklicher, manche dachten an ihre Zukunft. Auch unser Küchenchef, der zuvor immer so siegessicher war, ließ sich jetzt auf Gespräche über den Kriegsverlauf ein.

Um diese Entwicklungen besser verfolgen zu können, hatte ich in vielen freien Stunden eine Karte von Europa, einschließlich Nordafrika, in unserem Aufenthaltsraum gezeichnet und aufgehängt. Zu diesem Zweck hatte ich mir eine Sperrholzplatte, etwa 1 m^2 groß beschafft, und einen

Papierbogen darauf geklebt. Nun hatten wir eine Übersicht über den jeweiligen Frontverlauf, die Fähnchen wurden nur entsprechend den deutschen Wehrmachtsberichten gesteckt. Nicht nur meine Küchenkameraden betrachteten diese Karte häufig, auch der Küchenchef informierte sich fleißig. Wenn ich ihn an der Karte traf, gab es immer eine Unterhaltung über aktuelle Dinge. Unter vier Augen konnte ich ganz offen mit ihm reden; er wußte ja, wer ich war.

Die Allierten ließen sich lange drängen, dem Verlangen der Sowjet Union nach der Errichtung einer zweiten Front im Westen nachzukommen. Erst als sie merkten, daß es Zeit sei einzugreifen, um noch rechtzeitig nach Deutschland zu kommen und bei den Verhandlungen präsent zu sein, starteten sie im Juni 1944 die Invasion in der Normandie. Auch wir Häftlinge sehnten uns nach einer 2.Front, weil wir durch sie eine schnellere Beendigung des Krieges erwarten durften. Meinem Küchenchef war diese Entwicklung wenig angenehm. Als ich ihn fragte, was er nun meine, wollte er mir weismachen, das sei eine Falle der Deutschen, sie hätten den Sack aufgemacht und, wenn die Alliierten darin wären, würde der Sack wieder zugemacht. Darauf fragte ich ihn, wozu denn eigentlich der Atlantikwall unter so großem Aufwand gebaut worden wäre. Eine Antwort blieb er mir schuldig, weil er wahrscheinlich selbst nicht an seine Version glaubte.

Die illegale Tätigkeit spielte sich nicht nur im Rahmen der Landsmannschaften ab, in denen nur die reichsdeutschen Häftlinge erfaßt wurden. Parallel dazu wurde die illegale Arbeit auch auf die Arbeitskommandos ausgedehnt. Dort kamen Deutsche und Ausländer zusammen. Der Tatsache, daß mit der Zeit mehr Ausländer als Deutsche im Lager waren, mußte auch in der illegalen Leitung Rechnung getragen werden: es wurden dort auch ausländische Kumpel zugezogen, soweit sie absolut zuverlässig waren. Sie hatten unter anderem die Aufgabe, ihre Kumpels im Rahmen ihrer Nation zu betreuen. Im Küchenkommando hatten wir die illegale Arbeit auch so organisiert, daß die einzelnen Nationen ihren Verbindungsmann bestimmten, der mit mir als Verantwortlichem für das Küchenkommando zusammen arbeitete. Meine Informationen erhielt ich von Harry Kuhn, einem Kumpel aus der Gerätekammer. Er hatte dort eine Ecke, in der wir uns ungestört unterhalten konnten. Wir trafen uns oft, manchmal auch bei einem Spaziergang im Lager. So bildete sich mit der Zeit ein angenehmes, kameradschaftliches Verhältnis heraus.

Die Informationen und Berichte gingen nicht nur von oben nach unten, sondern auch umgekehrt von unten nach oben. Von vielen Einzelberichten über Vorgänge im Lager, die von unten kamen, konnte sich die Leitung oben ein Gesamtbild machen. Meine Informationen gab ich an die

Verbindungsleute weiter, die sie ihren Landsleuten wieder zur Kenntnis brachten. Diese Methode hatte sich sehr gut bewährt. Wir hatten in der Küche eine gute Zusammenarbeit mit den verschiedenen Nationen. Dieses gute Verhältnis untereinander führte auch zu häufigen Diskussionen mit meinem deutschen Küchenkameraden Heinrich Plum (KPD). Die Debatten gingen vorwiegend um die Differenzen zwischen KPD und KPO, die aber stets sachlich geführt wurden.

Bei den Unterhaltungen mit dem holländischen Kameraden Jan Haken ging es vorwiegend um das Versagen der deutschen Arbeiterbewegung 1933. Er meinte, die Machtergreifung der Nazis sei ausschließlich eine typisch deutsche Entwicklung. In anderen Industrieländern mit entsprechenden Arbeiterorganisationen wäre eine solche Entwicklung nicht möglich gewesen. Daraufhin versuchte ich ihm klar zu machen, daß auch für andere Länder die Gefahr einer faschistischen Entwicklung bestünde, wenn ähnliche Voraussetzungen gegeben wären. Er müsse berücksichtigen, daß Deutschland den 1. Weltkrieg verloren hätte und durch den Versailler Vertrag schwere Belastungen und Einschränkungen auf sich nehmen mußte, und trotz «Revolution» seien nach dem 1. Weltkrieg wieder Kräfte ans Ruder gekommen, die alles andere als Demokraten waren. Reparationen, Inflation, Millionen Arbeitslose und die Weltwirtschaftskrise hätten die Situation erschwert. Diesen Gegebenheiten sei eine gespaltene Arbeiterbewegung gegenüber gestanden, die sich über das Wesen des Faschismus leider nicht im klaren war. Der Kamerad Jan Haken war Mitglied im Zentralkomitee der KP Holland; dies habe ich aber erst nach unserer Befreiung erfahren, obwohl wir lange Zeit zusammen gearbeitet hatten.

Die illegale Arbeit war nicht nur auf das Lager Buchenwald beschränkt. Als im September 1943 das neue Lager «Dora» in der Nähe von Nordhausen zunächst als Außenkommando, später als selbständiges Lager aufgebaut wurde, veranlaßte die illegale Leitung, daß einige Kumpel diesem Transport zugeteilt wurden, damit auch dort eine illegale Organisation eingerichtet werden konnte. Dies war sehr wichtig: denn im Lager Dora wurden in unterirdischen Stollen in Zusammenarbeit mit Industriekonzernen Betriebe zur Produktion von V-Waffen gebaut. Die Häftlinge, 1944 bereits etwa 10.000, mußten ihre Arbeit unter den miserabelsten Bedingungen bei übermäßig langer Arbeitszeit verrichten. Dementsprechend hoch waren die Opfer.

Die beiden entsandten Kumpel Albert Kuntz als Lagertechniker, und Fritz Pröll als Revierkapo hatten eine schwierige Aufgabe übernommen. Einerseits mußten sie in enger Zusammenarbeit mit der illegalen Lagerleitung in Buchenwald die illegale Arbeit im Lager Dora organisieren, und zum andern versuchen, soviel als möglich geeignete Häftlinge an solche Arbeitsplätze zu bringen, an denen wirksame Sabotage geübt werden konnte. Bei den V-Waffen gab es viele Versager; was auf das Konto Sabotage ging, oder auf technische Unzulänglichkeit, war wohl schwer zu sagen. Die illegale Arbeit im Lager Dora war deshalb schwieriger, weil die SS in diesem sehr wichtigen Rüstungsbetrieb alles viel gründlicher überwachte als sonstwo. So kam es, daß sie mit Hilfe eines Spitzels die illegale Leitung ausfindig machen konnte.

Albert Kuntz wurde Ende 1944 verhaftet, gefoltert und im Januar 1945 erschlagen. Mein guter Freund aus der Zeit in Dachau, Fritz Pröll, kam in den Bunker. Er hätte dasselbe Schicksal zu erwarten gehabt wie Albert Kuntz. Um zu verhindern, daß die SS durch grausame Folterungen Angaben von ihm erpressen könnte, hat er sich selbst eine tödliche Spritze gegeben. Von seinem Schicksal erfuhr ich noch in Buchenwald. Im Jahr 1981 konnte ich der Dokumentation von Hermann Langbein «... nicht wie die Schafe zur Schlachtbank», Seite 133, entnehmen, daß Fritz Pröll einem Kumpel folgende Nachricht hinterlassen hatte: «Keine Angst, morgen bin ich tot, und Tote können nicht mehr reden».

Im Herbst 1944 wurden an einem Sonntag alle Reichsdeutschen auf den Appellplatz gerufen. Dort gab der Kommandant, SS-Oberführer Pister, bekannt, man habe beim Führer Adolf Hitler erreicht, daß auch die reichsdeutschen Häftlinge Gelegenheit bekommten sollten, für ihr Vaterland zu kämpfen. Wer dazu bereit sei, möge sich melden. Diese Bekanntmachung löste bei uns Politischen sofort Diskussionen aus. Es stand die Frage: Sollte man sich melden oder nicht. Manche meinten, wenn man sich melden würde, komme man wenigstens lebend aus dem Lager heraus, was sonst fraglich wäre, und man würde eine Knarre in die Hand bekommen, wäre also nicht mehr so hilflos wie jetzt. Dieser Auffassung stand die Meinung gegenüber, wir politischen Häftlinge dürften schon aus politischen Gründen nicht bereit sein, Seite an Seite mit der SS das 3. Reich zu verteidigen. Außerdem sei die Division «Dirlewanger» (999) als Himmelfahrtskommando berüchtigt. Diese Diskussionen wurden damit beendet, daß wir uns nicht melden sollten. Wenn aber der eine oder andere trotzdem sich absolut melden wollte, würde ihm nichts in den Weg gelegt. Meines Wissens haben sich keine Politischen gemeldet, lediglich Schwarze (Arbeitsscheue) und Grüne (Kriminelle), waren dazu bereit. Wie ich später erfuhr, sind die Politischen in Dachau zur Division «Dirlewanger» gezwungen worden. Ihnen wurde es nicht freigestellt. Dabei sind meine beiden Kameraden Heinrich Krathwohl und Karl Wilhelm ums Leben gekommen.

Die Diskussionen im Rahmen der illegalen Organisation hatten sich nicht nur um Vorgänge im Lager, um die jeweilige militärische Lage und um aktuelle politische Probleme bewegt. Darüber hinaus wurden auch

Fragen unserer Rolle besprochen, die wir zu spielen beabsichtigten für den Fall, daß wir lebend aus dem Lager kommen sollten. Für uns war es verständlicherweise schwierig, eine zukünftige Politik zu entwickeln, nachdem wir viele Jahre von der Bevölkerung isoliert waren. Eines stand im Vordergrund der Debatten: Die Spaltung der Arbeiterklasse müßte überwunden werden; die enge Zusammenarbeit im Lager sollte auch nachher Richtschnur unseres Handelns sein. Die Spaltung der Arbeiterbewegung war schließlich ein wesentlicher Faktor für die Machtergreifung der Nazis gewesen. Noch gut erinnere ich mich an eine Diskussion in der Effektenkammer, an der auch Hermann Brill, ein Sozialdemokrat, teilgenommen hatte. Er war Leiter einer Volkshochschule in Thüringen und nach 1945 Staatssekretär in Hessen. Dieser Kumpel besaß ein umfassendes Wissen, insbesondere über die Weimarer Republik. Er vertrat damals eine radikale Linie, als auch die Diktatur des Proletariats zur Debatte stand, während die Kommunisten in dieser Frage zurückhaltender waren.

Kurz vor dieser Diskussion hatte ich mit einem Studenten aus München, der als neuer Zugang ins Lager gekommen war, eine Unterhaltung über die augenblickliche Stimmung in der Bevölkerung. Dabei erzählte er mir, vorherrschend sei die Meinung, keine Diktatur mehr, weder von links noch von rechts. Diese Bemerkung stimmte mich nachdenklich, es wurde mir klar, daß wir einiges von unseren Vorstellungen hinsichtlich unserer künftigen Rolle streichen müßten. Eines blieb aber richtungweisend, die Wirtschafts- und Gesellschaftsstruktur müßte eine Veränderung in Richtung mehr Demokratie, mehr Einfluß der Arbeitnehmer und ihrer Organisationen in allen wirtschaftlichen und gesellschaftlichen Institutionen erfahren. Daß wir damit nicht allzu abseits lagen, bewies das von der CDU nach 1945 publizierte »Ahlener Programm«[3], das aber von ihr sehr bald vergessen wurde.

Über ein erheiterndes, aber auch gefährliches Ereignis möchte ich noch berichten. Anfang 1944 erhielt ich von dem Krefelder Kumpel Alfred Ingenhag, Ingenieur im Baubüro, leihweise das Buch «Der historische Materialismus» von Karl Marx zum Lesen. Dieses Buch hatte er von Rudolf Breitscheid, der in der E-Baracke außerhalb des Lagers festgehalten wurde, geliehen bekommen. Mir war der Inhalt schon aus der Zeit der Kommunistischen Jugend bekannt, wo wir uns öfter mit diesem Stoff befaßten. Trotzdem, eine Wiederholung konnte nichts schaden. Als ich es gelesen hatte, gab ich dieses Buch meinem Freund Willi ebenfalls zum Lesen. Nachdem sich Willi an dieser Lektüre erfreut hatte, gab er dieses Buch meinem Kapo, der in der Effektenkammer gerade zu tun hatte, mit, um es an mich zurück zu geben. Nun spielte sich folgendes ab. Der Kapo nahm dieses Buch nichtsahnend unter den Arm und marschierte zurück in die Küche. Dort angekommen, betrat er den Kaporaum, in dem sich zur gleichen Zeit der Kommandoführer des Magazins, Hauptscharführer Paak, und einige Häftlinge aufhielten. Der Hauptscharführer war neugierig, er nahm dem Kapo das Buch weg und fragte ihn: «Nun Langer, was liest Du denn?», schlug das Buch auf und sah das Porträt von Karl Marx. Jetzt stutzte er und sah den Kapo fragend an, sofort erwiderte der dabeistehende Kumpel Ludwig Landwehr, meines Wissens früherer Landtagsabgeordneter, schlagfertig: «Herr Hauptscharführer, das ist doch nicht der Kommunist Karl Marx, das ist der Philosoph Karl Marx.» Der Hauptscharführer gab sich damit zufrieden; die Situation war gerettet. Was wußte schon ein SS-Hauptscharführer vom historischen Materialismus und davon, daß der Philosoph Karl Marx zugleich Kommunist war. Aber Willi hatte es versäumt, den Kapo auf den gefährlichen Inhalt dieses Buches aufmerksam zu machen. Dieser Vorgang hätte schlimme Folgen haben können. Das Buch ging wieder an den Ausleiher zurück.

30. Illegale Veranstaltungen

Seit Stalingrad wurde die SS nüchterner, uns gegenüber etwas zahmer. Die jüngeren, forschen SS-Leute waren teilweise durch ältere, gemäßigtere Kräfte ersetzt worden. Diese Entwicklung hatte auch auf uns Auswirkungen. Wir wurden couragierter, unternehmungslustiger, was 1943 Willi Bleicher veranlaßte, einen kleinen Kreis von Kumpels zu einer Maifeier einzuladen. Diese Veranstaltung wurde in den Kellerräumen der Effektenkammer durchgeführt. Dort befand sich auch die Desinfektion, ein von der SS gemiedener Ort. Denn sie wollte nicht angesteckt werden von Läusen, die als Überträger von Flecktyphus galten. Diese Maifeier hatte noch einen bescheidenen Rahmen: eine kurze Ansprache zur Bedeutung dieses Tages, einige passende Gedichte, und das alte Kampflied «Brüder zur Sonne, zur Freiheit», leise gesummt, bildete den Abschluß. Auch ohne große Worte gab uns diese Zusammenkunft wieder Mut und Kraft, um trotz unserer ungewissen Lage mit Zuversicht ins Kommende zu schauen.

Der gute Verlauf der Maifeier 1943 ermutigte Willi Bleicher, auch 1944 eine solche Veranstaltung durchzuführen. Die militärische Lage war inzwischen für die Nazis noch ungünstiger geworden. Das deutsche Volk vom Endsieg glaubhaft zu überzeugen wurde für sie mit jedem Tag schwieriger. Unter diesen Bedingungen wurde dann die Maifeier 1944 gestartet. Der Teilnehmerkreis war etwas größer als im Jahr zuvor. Inhaltlich war die Ausgestaltung dieser Feier besser, etwas feierlicher; die Ansprache war angesichts der Ereignisse im abgelaufenen Jahr zuversichtlicher geworden. Für uns Häftlinge stand der Sieg über den Faschismus, die Beseitigung der Diktatur, im Vordergrund. Für die Schaffung eines besseren, freien Deutschlands wollten wir unsere ganze Kraft einsetzen, wenn uns das Schicksal diese Möglichkeit lassen sollte. Auch diese Maifeier nahm einen guten Verlauf. Von neuem gestärkt gingen wir von dannen.

Der englische Fliegerangriff auf das Lager im August 1944 gab, wie oben erwähnt, den Nazis den Anlaß, Ernst Thälmann von einem anderen Haftort nach Buchenwald zu holen und ihn hinterrücks zu erschiessen. Diese gemeine Tat löste in den Reihen der Kumpels, gleichgültig welcher Organisation der Einzelne angehörte, große Empörung aus. Um dieser Stimmung Ausdruck zu verleihen, bemühte sich Willi Bleicher, angesichts der vielen toten Kameraden, die beim Fliegerangriff umgekommen waren, eine Totenfeier durchzuführen, in der das Gedächtnis an Ernst Thälmann im Mittelpunkt stehen sollte. Zu diesem Zweck ließ er von unserem Landsmann Edo Leitner (Bäb), eine Kohlezeichnung von Ernst Thälmann anfertigen. Willi hatte in der Effektenkammer noch eine Thälmann-Postkarte auftreiben können als Vorlage für den Zeichenkünstler. An einem Sonntag, als Ludwig und ich in die Effektenkammer kamen, zeigte uns Willi voller Stolz das Porträt von Thälmann, das sehr gut gelungen war.

Nun kam die Totenfeier heran. Sie wurde im selben Raum wie bisher durchgeführt; in der Mitte der Stirnwand hing das jetzt eingerahmte Bild von Ernst Thälmann mit Trauerflor. Davor stand ein kleiner mit rotem Tuch verkleideter Pult, umgeben mit Blumen, alles in allem ein würdiger Rahmen, der schon beim Eintritt in den Raum eine angemessene Stimmung erzeugte. Die Zusammensetzung der Teilnehmer unterschied sich von den früheren Veranstaltungen. Diesmal waren auch ausländische Kumpels dabei, Franzosen, Holländer, Belgier, Tschechen und Russen. Robert Siewert hielt die Ansprache, in der er der toten Häftlinge gedachte, die beim Fliegerangriff ums Leben gekommen waren, zu denen auch Rudolf Breitscheid zählte. Besonders stellte Robert Siewert die gemeine Art der Ermordung Thälmanns durch die Nazis heraus. Im weiteren Verlauf seiner Ausführungen munterte er die Kumpels auf, auch weiterhin alle Kräfte zu entfalten, um den Kampf unserer verschworenen Gemeinschaft von Deutschen und Ausländern zu einem siegreichen Ende zu führen. Diese Rede wurde umrahmt von leiser Musik und von Gedichten. Zum Schluß dieser Feier summten wir leise die «Internationale», um der internationalen Verbundenheit der Anwesenden Ausdruck zu verleihen. Diese größte Veranstaltung in der Effektenkammer war die schönste und eindrucksvollste Feier, von der alle Teilnehmer ergriffen auf ihre Blocks zurückgingen.

Leider wurde diese hervorragend gelungene Veranstaltung durch einen jüngeren, zweifelhaften Häftling der Effektenkammer verraten. Wie dieser überhaupt ins Kommando Effektenkammer kommen konnte und an der Feier teilnehmen durfte, war mir ein Rätsel. Die Folge war, daß zunächst Willi Bleicher und Robert Siewert verhaftet wurden und in den Lagerbunker kamen. Dann wurden noch weitere Häftlinge in der Effektenkammer zum Verhör geholt; auch Edo Leitner wurde verhört. Trotz diesen Verhören erreichte die SS nicht viel. Willi und Robert kamen dann in den SS-Bunker außerhalb des Lagers. Dort konnte Ludwig Becker als Holzträger zu den beiden Verbindung aufnehmen und einiges schmuggeln. Dies ging aber nicht lange. Denn die Verhafteten wurden jetzt der Gestapo übergeben und nach Weimar gebracht. Man muß beachten, daß zwischen SS und Gestapo immer ein gespanntes Verhältnis herrschte; die SS war nur für disziplinäre Verfehlungen zuständig, die Gestapo für politische. Die SS hatte kein Interesse, der Gestapo Vorgänge auszuliefern, die ein schlechtes Licht auf die Lagertätigkeit der SS hätten werfen können. Aus diesem Grunde hatte sich auch der Kommandant Pister in diese Angelegenheit eingeschaltet. Trotzdem blieb dieser Fall bei der Gestapo. Dort gab es dann Folterungen. Willi Bleicher erzählte mir später, bei der Gestapo hätte er die Hose herunterlassen müssen, damit der Gestapobeamte seine brennende Zigarette auf seinem blanken Hinterteil hätte ausdrücken können. Die zu erwartenden Folterungen veranlaßten einen tschechischen Kumpel der Effektenkammer, der auch an der Veranstaltung teilgenommen hatte, sich im Revier eine tödliche Spritze geben zu lassen, um nicht zum Verräter zu werden. Nach einiger Zeit erfuhren wird, daß Willi und Robert nach Ichtershausen in Thüringen transportiert worden wären. Von dort kam Robert wieder zurück ins Lager, während Willi an einen uns unbekannten Ort verschleppt worden war.

Anfang 1945 besprach ich mit Harry Kuhn in der Gerätekammer die politische Lage. Wir kamen gemeinsam zu der Auffassung, daß es gut wäre, dasselbe Thema mit den deutschen und ausländischen Kumpels der Häftlingsküche zu besprechen. Vieles hatte sich im politischen und im militärischen Bereich ereignet: das Attentat auf Hitler im Juli 1944, der erfolgreiche Fortgang der Invasion in Frankreich und das Vorrücken der Russen waren deutliche Anzeichen dafür, daß es dem Ende zuging. Diese Umstände gaben uns Mut, eine Veranstaltung für diesen Kreis in der Häftlingsküche durchzuführen. Es kam uns darauf an, die Verbindung von Deutschen und Ausländern noch enger zu gestalten. Denn für die bevorstehenden Ereignisse im Lager war dies wichtig. Um diese Veranstaltung mit Harry Kuhn als Berichterstatter durchzuführen, hatten wir den Aufenthaltsraum im Untergeschoß der Häftlingsküche vorgesehen, und zwar an einem Sonntagnachmittag, weil der Küchenchef zu dieser Zeit immer nach Weimar ging, obwohl er Dienst hatte. So kam etwa ein Dutzend Häftlinge zusammen, in ihrer Mitte Harry Kuhn. Vorsorglich hatten wir noch einige Posten aufgestellt, um ganz sicher zu sein.

Der Berichterstatter hatte bereits das wesentliche gesagt, als plötzlich ein aufgestellter Posten hereinkam und aufgeregt sagte: der Chef kommt. Dieser war aber schon so nahe, daß ein Verschwinden für uns nicht mehr möglich war. An der Türöffnung hing nur ein Teppich; dieser wurde beiseite geschoben, der Küchenchef trat ein und schaute überrascht auf unsere Runde. Alle Kameraden blieben sitzen; nur ich stand auf und machte vorschriftsmäßig Meldung, daß wir uns mit einem Kameraden von der Gerätekammer über die Schwierigkeiten hinsichtlich des Transportgeschirrs beraten. Der Chef nahm dies zur Kenntnis und verließ den Raum, ohne ein Wort zu sagen. Ich sah ihm an, daß er meine Meldung nicht akzeptierte. Anschließend sagte ich meinen Kumpels, auf keinen Fall im Lager davon etwas zu erzählen, sondern abzuwarten, was der Chef eventuell unternimmt. Am nächsten Tag zeigte er dem Schuhputzer den Vogel und machte eine Bemerkung, aus der hervorging, daß er Bescheid wisse. Zu mir sagte er nie ein Wort wegen dieser Angelegenheit. Eine Meldung nach oben zu machen wäre auch für ihn schlecht ausgegangen. Er hatte seinen Dienst vernachlässigt und uns dadurch die Möglichkeit zu dieser Sitzung gegeben. Der Fronteinsatz wäre ihm sicher gewesen, dies fürchtete er mehr als alles andere. Hinzu kam noch, daß ich einige Zeit zuvor durch seine Veranlassung Ehrenhäftling geworden war. Dadurch konnte ich die Haare wachsen lassen und durfte öfter schreiben. Für ihn wäre es kein Vorteil gewesen bei den Vorgesetzten, wenn ein von ihm vorgeschlagener Ehrenhäftling sich als politisch immer noch aktiv herausstellen würde. Am Ende waren wir alle froh, daß dieses Vorkommnis keine weiteren Folgen hatte. Für Harry Kuhn und mich hätte es sehr ernst werden können.

31. Die letzten 14 Tage

Die militärische Entwicklung machte es notwendig, daß wir uns ernsthaft auf das bevorstehende Ende der Naziherrschaft vorbereiteten und damit auch auf das Ende des KZ-Lagers Buchenwald. Unsere internationale illegale Organisation war zwar politisch und militärisch intakt. Trotzdem bauten wir hinsichtlich einer Auseinandersetzung mit der SS auf eine eventuelle Unterstützung von außen, die entsprechend der militärischen Situation vom Westen erhofft wurde. Aus eigener Kraft einen

Kampf gegen die SS zu wagen, dazu war die Zeit noch nicht reif. Er hätte unverantwortlich große Opfer gekostet, denn die SS wollte so viele Häftlinge wie möglich vernichten, bevor die Alliierten die KZ besetzten. Deshalb wäre die SS zu jeder Brutalität bereit gewesen, insbesondere dann, wenn von oben ein Befehl in dieser Richtung ergangen wäre. Andererseits konnten wir bei manchen SS-Leuten eine Unsicherheit feststellen, die aus Zweifeln am Sieg geboren wurde. Auch unser Küchenchef hatte in seiner Siegeszuversicht wesentlich nachgelassen und mitunter mir gegenüber Bemerkungen gemacht, die «in Freiheit» wegen Heimtücke oder Wehrkraftzersetzung belangt worden wären. Bei solchen Gelegenheiten bestärkte ich ihn in seinen Zweifeln. Als ich wieder einmal auf die aussichtslose Situation hinwies, gab er mir gegenüber zu, daß sie hoffnungslos sei; er habe sich schon Zivilkleider für den Ernstfall bereit gelegt. Am nächsten Tag, nachdem er am Abend zuvor draussen im Kommandanturbereich aufgepulvert worden war, fühlte er sich wieder stark genug an einen Sieg zu glauben. Dabei spielte er auf die V-Waffe an. Es war damals eine eigenartige, gespannte Atmosphäre im Lager und im besonderen in unserem Kommando. Der Chef schwankte zwischen Sieg und Niederlage hin und her; aber er beschaffte sich vorsichtshalber Zivilkleider.

Wir politischen Häftlinge dagegen besorgten uns Zivilhosen, die wir unter unseren gestreiften Häftlingshosen trugen, um gegebenenfalls bei einer beabsichtigten Evakuierung oder gar Vernichtungsaktion die Häftlingshosen ausziehen und leichter fliehen zu können. Die Beschaffung dieser Hosen war nicht schwierig. Denn von Auschwitz kamen große Mengen Kleider von den dort Vergasten. Gestreifte Häftlingsjacken gab es schon lange nicht mehr, dafür erhielten wir Auschwitzer Ziviljacken, bei denen auf dem Rücken andersfarbige Stoffstücke zur Kennzeichnung als Häftlingskleidung eingenäht worden waren. Wir konnten uns aber auch Jacken ohne die Kennzeichnung besorgen.

Die Alliierten drängten in Ost und West immer stärker nach Deutschland. Die Nazis mußten ein Lager um das andere räumen; die Häftlinge wurden evakuiert und ins Innere Deutschlands transportiert. So kamen laufend Häftlingstransporte nach Buchenwald. Der Zustand der Ankömmlinge war verheerend. Die mit der Eisenbahn Eingelieferten waren schon mehrere Tage unterwegs, ohne Verpflegung, hineingepreßt in die Waggons, in denen bereits zahlreiche Tote lagen. Die noch Lebenden waren zu Skeletten abgemagert. Transporte die zu Fuß kamen, brachten keine Toten mit, denn wer nicht mitkam, wurde unterwegs erschossen. Da diese Transporte oft noch länger unterwegs waren als die Bahntransporte, war die Zahl der Opfer größer, die Überlebenden im selben erbarmungswürdigen Zustand wie die ersteren.

Durch die vielen Transporte stieg die Belegungszahl im Lager Buchenwald mächtig an und erreichte ihren Höchststand mit 48.000 Häftlingen. Für uns in der Küche gab dies große Schwierigkeiten. Die Kücheneinrichtung war für 12.000 Häftlinge berechnet, und wir mußten jetzt das vierfache bewältigen. Um mit dieser Aufgabe fertig zu werden und den Überblick nicht zu verlieren, habe ich mir mit einer graphischen Darstellung geholfen. Aus ihr konnte ich stets ersehen, zu welcher Zeit und mit welchem Kochgut jeder einzelne Kochkessel eingesetzt werden mußte. Sämtliche Kochkessel waren Tag und Nacht unter Dampf. Das Essen wurde in Schichten ausgegeben, die Küchenhäftlinge mußten auch in Schichten arbeiten. Vorteilhaft war noch, daß durch die häufigen Fliegeralarme die Arbeit ins Stocken kam und Arbeitskommandos im Lager blieben. Dadurch konnten wir zu jeder Tageszeit Essen ausgeben.

Kurz vor meinem vierzigsten Geburtstag (4. 4. 1945), an den ich mich noch gut erinnere, ließ der Lagerkommandant - SS-Oberführer Pister - die reichsdeutschen Häftlinge in die Kinobaracke zusammenrufen. Weil ich vermutete, daß dort die Reichsdeutschen gegen die Ausländer ausgespielt werden könnten, nahm ich einige ausländische Kumpels der Häftlingsküche mit zur Kinobaracke, nachdem sie ihre Nationalitätenabzeichen entfernt hatten. Dort erklärte der Kommandant, er würde das Lager ordnungsgemäß an die Amerikaner übergeben. Des weiteren warnte er uns Deutsche vor den ausländischen Häftlingen, die eventuell über uns als kleine Minderheit herfallen könnten. Wir deutschen Häftlinge sollten uns deshalb gemeinsam mit der SS gegen die Ausländer wehren. Diese Empfehlung des Kommandanten konnte für uns nicht in Frage kommen. Sofort nach dieser Veranstaltung erklärte ich meinen ausländischen Kameraden, wir Häftlinge ließen uns nicht auseinanderreißen. Nach wie vor stünden die Fronten so wie bisher: hier die Häftlinge, dort die SS. Diese Auffassung wurde von allen ausländischen Kameraden als selbstverständlich anerkannt. Die Absicht des Kommandanten, das Lager den Amerikanern zu übergeben, nahmen wir zwar gerne entgegen. Wir hegten aber berechtigte Zweifel, ob das wahr sein würde. Es könnte auch eine Version gewesen sein, um uns in Sicherheit zu wiegen. Jedenfalls eine aufmerksame Beobachtung aller Vorgänge im Lager war jetzt angebracht.

An meinem Geburtstag, dem 4. April, wurde nachmittags der Befehl durch die Lautsprecher gegeben: «Alle Juden zum Appellplatz». Jetzt geschah etwas, was es noch nie im Lager gegeben hatte: die Juden verweigerten den Befehl. Sie gingen nicht zum Appellplatz, sondern versteckten sich im Lager. Sie wußten, daß sie evakuiert werden sollten, und eine Evakuierung hätte für viele den sicheren Tod bedeutet. Dieser Vorgang führte in den Lautsprechern zu einem hysterischen Geschrei des Rapportführers. Doch alles Drohen nützte an diesem Tag nichts, die

Juden kamen nicht; und die SS zögerte, schärfere Maßnahmen zu ergreifen. Die nichtjüdischen Häftlinge halfen kräftig mit, die Juden zu verstecken, die ihre Davidsterne entfernten und sich in andere Blocks und Kommandos einschmuggelten. Die Blockältesten gaben uns in der Küche die größere Häftlingszahl ihrer Blocks an, damit bei der Essenausgabe auch die «Zugereisten» berücksichtigt werden konnten.

Am nächsten Tag ging der Kampf zwischen Häftlingen und SS weiter, wieder wurden die Juden zum Appellplatz gerufen, und wieder kamen sie nicht. Jetzt mußten die Blockführer (SS) eingreifen und die Juden aus den Blocks zusammenholen. Da dies nicht wunschgemäß gelang, holte die SS den Lagerschutz heran, der bei der Suche nach den Juden helfen sollte. Damit hatten sie den Bock zum Gärtner gemacht. Denn der Lagerschutz bestand aus ausgewählten politischen Kumpels, die nur so taten, als ob sie suchten, und mitunter den Juden noch halfen zu verschwinden. Das Ergebnis dieser Aktion fiel mager aus, nur ein kleiner Teil der Juden, die für den Transport an diesem Tag vorgesehen waren, konnte evakuiert werden. Die von der illegalen Leitung ausgegebene Parole, was nicht zu verhindern sei, sei so gut wie möglich zu verzögern, hatte sich in diesem Fall gut bewährt.

Zur Charakterisierung der Situation ein Einzelvorgang. Im Heizkanal, der mit einem eisernen Gitter für den Zugang zur Häftlingsküche verschlossen war, hatte sich ein Jude versteckt. Davon hatte der Unterscharführer des Häftlingsmagazins Wind bekommen. Er kam auf mich zu und bat inständig, doch dafür zu sorgen, daß der Jude wieder von selbst verschwindet, ich solle ihm reichlich Verpflegung geben. An eine Meldung, daß hier ein Jude versteckt war, dachte er überhaupt nicht; er wollte jetzt als Freund der Häftlinge gelten.

In den folgenden Tagen steigerte sich die nervöse Spannung im ganzen Lager, täglich ging der Kampf um weitere Evakuierungen, die von uns verhindert oder zumindest verzögert werden mußten. Die amerikanischen Truppen kamen nicht so schnell voran, wie es aus unserer Sicht wünschenswert gewesen wäre. Der Zeitfaktor spielte für beide Seiten im Lager eine entscheidende Rolle. Inzwischen hatte die SS erkannt, daß sie auf die Disziplin nicht mehr ohne weiteres rechnen konnte wie früher. Jetzt mußten sie zur Ausführung von Befehlen Gewalt-Maßnahmen anwenden. In diesem Zusammenhang erinnere ich mich noch, wie eines Tages eine Gruppe von etwa 20 oder 25 schwerbewaffneten SS-Leuten über den Appellplatz in Richtung auf die Blöcke marschierte. Ich war gerade im Begriff, meinen Kumpel Heinrich Plum im Revier zu besuchen. Als ich unten an die Steinblocks kam, sah ich, wie Häftlinge aus diesen Blocks stürmten und teilweise aus den Fenstern sprangen. Die SS-Leute waren in die Blocks eingedrungen, um Häftlinge zur Evakuierung zusammenzutreiben.

Der Kampf um Evakuierungen ging bis zum 10. April. Er wurde in den verschiedensten Formen geführt. Von der SS wurden den Häftlingen falsche Versprechungen gemacht, um sie für eine freiwillige Bereitschaft zum Abtransport zu gewinnen. Auch der Lagerschutz sollte mithelfen, die geforderte Zahl von Häftlingen für die Evakuierungen zusammenzutreiben.

So ging es in diesen spannungsreichen Tagen hin und her. In dieser Situation gab es im Lager verständlicherweise die verschiedensten Gerüchte. Zwei davon stellten sich später als wahr heraus, z. B. der Kontakt mit den Alliierten mit Hilfe eines illegalen Senders im Lager, und auch die Nachricht, die SS-Lagerleitung hätte bei der Luftwaffe im nahegelegenen Nohra (bei Erfurt) Tiefflieger zur Vernichtung des Lagers angefordert, was aber von der Luftwaffe abgelehnt worden sei, weil sie nicht kurz vor Torschluss mit einer solchen Schandtat belastet werden wollte.

In diesen Tagen voller Spannung ereignete sich noch folgender ernster Vorgang. Der illegalen Leitung wurde bekannt, daß am nächsten Tag über 40 prominente Häftlinge erschossen werden sollten. Die SS-Reihen hielten nur selten so dicht, daß nichts in Häftlingskreise durchgesickert wäre. In der gegebenen Situation war das SS-Netz noch durchlässiger als zuvor. Am gleichen Abend erhielten diese Häftlinge von der Schreibstube den üblichen Zettel mit der Aufforderung, sich am nächsten Tag nach dem Morgenappell am Tor zu melden. Jetzt mußte gehandelt werden. Die illegale Lagerleitung beschloß, auf keinen Fall diese Kameraden der SS auszuliefern und im Ernstfall den Kampf mit der SS zu wagen. Die Häftlinge wurden im Lager versteckt und gingen nach dem Appell am andern Morgen nicht ans Tor, als sie gerufen wurden. Die Entscheidung der illegalen Lagerleitung wurde unter dem Gesichtspunkt getroffen, daß die Amerikaner in Kürze das Lager erreichen würden. Leider war dies erst einige Tage später der Fall. Zum zweitenmal wurde jetzt ein Befehl nicht ausgeführt. Der Lagerälteste 1, Hans Eiden, wurde ans Tor gerufen. Ihm wurde der Auftrag erteilt, den Lagerschutz zur Suche nach den bestellten Häftlingen einzusetzen. Für uns war es klar, daß der Lagerschutz keinen der Gesuchten finden würde, nachdem die Entscheidung der illegalen Leitung in der Nacht zuvor der ganzen illegalen Organisation bekannt gemacht worden war. Mein Genosse Robert Siewert war auch unter den Gesuchten. Er hatte bisher als Kapo das grosse Baukommando 1 geführt; er war einer der beliebtesten Kapos im Lager. Nie hatte er Häftlinge geschlagen, sondern sie im Gegenteil bei der SS in Schutz genommen. Er hatte den Mut, gegen SS-Scharführer aufzutreten und notfalls auch bei SS-Offizieren vorzusprechen. So sehr er bei den Häftlingen beliebt war, so unbeliebt war er bei der SS, aber als tüchtigen Baufachmann hatte sie ihn geduldet und für ihre Zwecke eingesetzt.

Noch war der Kampf um die Evakuierungen nicht ausgestanden. Wiederholt versuchte die SS, das ganze Lager zu evakuieren, was ihr aber nicht gelang, weil wir alle Möglichkeiten der Sabotage und der Verzögerung ausnützten. Nur Teiltransporte kamen mit Mühe und Not zustande. Wieder einmal kam der Befehl: «Antreten zum Appell», aber keiner kam. Die illegale Lagerleitung hatte schon vorher die Weisung herausgegeben, diesem Befehl jetzt nicht mehr zu folgen, weil er zur Vorbereitung der Evakuierung dienen würde. Daraufhin mußten die drei Lagerältesten und die Blockältesten ans Tor kommen. An diesen Vorgang kann ich mich noch gut erinnern, ich konnte ihn vom Block aus beobachten. Was gesprochen wurde, wußte ich nicht, daß es aber scharf zuging, konnte ich von weitem feststellen. Diese harte Auseinandersetzung zwischen SS-Führung und Häftlingsfunktionären war wohl eine der schwierigsten Situationen in diesen Tagen der größten Spannung, in der es um Leben oder Tod ging. Damals hielt ich es nicht für ausgeschlossen, daß SS-Offiziere einige dieser Kameraden an Ort und Stelle erschiessen könnten. Denn es mußte der SS nach dem Vorangegangenen bewußt geworden sein, daß hier Sabotage ihrer Befehle vorlag. Wenige Tage zuvor hatte die SS in einer ähnlichen Situation dem Lagerschutz gedroht, einige von ihnen umzulegen, wenn sie die Gesuchten nicht finden würden. Unsere Funktionäre begründeten die Verweigerung der Häftlinge zum Aufmarsch glaubwürdig mit den häufigen, fast täglichen Fliegeralarmen und insbesondere mit der Angst vor Tieffliegern.

Trotz unserer Verzögerungstaktik konnte die SS in diesen letzten Tagen doch noch rund 27.000 Häftlinge evakuieren, sodaß nach der Befreiung noch 21.000 Häftlinge im Lager waren. Unter diesen befanden sich etwas mehr als 2.000 Reichsdeutsche, von denen vielleicht die Hälfte Politische waren. Wenn man bedenkt, daß die SS die ernste Absicht hatte, das ganze Lager mit 48.000 Häftlingen zu evakuieren, dann ist es ein hohes Verdienst der disziplinierten illegalen Organisation unter Führung entschlossener Häftlinge der verschiedenen Nationen, diese 21.000 Häftlinge vor der Evakuierung bewahrt zu haben. Bei den letzten Evakuierungen handelte es sich vorwiegend um Häftlinge aus dem kleinen Lager, die sich zum Teil freiwillig zu den abgehenden Transporten gemeldet hatten. Sie nahmen eher das Risiko einer Evakuierung auf sich, als unter den miserablen Bedingungen des kleinen Lagers auf ihren wahrscheinlichen Tod zu warten.

32. Die Befreiung

Nachdem am Morgen des 10.April der letzte Evakuierungstransport abgegangen war, wurden von der SS im Krematorium belastende Papiere verbrannt. Trotz der gespannten Situation ging ich an diesem Abend mit Ludwig Becker auf dem Appellplatz spazieren. Dabei fanden wir angekohlte Papierreste von Formularen, auf denen die Todesursachen von Häftlingen angegeben waren, wie Herzschwäche, Herzversagen und ähnliches. Von Erschießen, Erschlagen oder Verhungern war nie die Rede. Anscheinend waren die Kohlen zur Verbrennung knapp geworden, deshalb die halbverbrannnten Papiere. Aus demselben Grund konnten auch die Leichen nicht mehr verbrannt werden. Sie lagen vor dem mit einem Bretterzaun umgebenen Krematorium hoch aufgeschichtet auf einem stehenden Lastwagen. Am Morgen des 11.April ging ich wie üblich zur Küche; dort erledigten wir unsere Arbeit normal. Wir wußten nicht, was dieser Tag bringen würde. Im Lager war es äußerlich ruhig.

Was in den Blocks in diesen Stunden geschah, weiß ich nicht. Der Kanonendonner, den wir schon seit einigen Tagen hörten, kam näher; dazu war auch Maschinengewehrfeuer zu hören. Die Fliegeralarme wurden noch öfter gegeben als vorher, auch die Fliegertätigkeit wurde stärker. Vermutlich wußten die Amerikaner durch den illegalen Funk über die schwierige Situation im Lager Bescheid. Die SS-Leute waren noch im Lager, etwa um 10 Uhr stand der Hauptscharführer Paak auf dem Heizkanal, der von der Küche zur Heizung hinüberführte. Er schaute rundum, wahrscheinlich wollte er sehen, was im Lager geschah.

Kurze Zeit später kam durch die Lautsprecheranlage der Befehl: «Sämtliche SS-Angehörige aus dem Lager». Jetzt wurde es für uns gefährlich; denn solange die SS-Leute noch im Lager waren, bestand für uns keine unmittelbare Gefahr. Aber jetzt, nachdem die SS-Leute aus dem Lager gingen, konnte von außen her verschiedenes gegen uns unternommen werden. Auf den Postentürmen standen noch immer die SS-Leute mit ihren Maschinengewehren. Während der Küchenarbeit habe ich zwischendurch vom Dachfenster der Häftlingsküche mit dem Feldstecher, den ich illegal erhalten hatte, in Richtung Kampfgelände hinausgeschaut. Sehr viel war nicht zu sehen, lediglich einzelne Kampfgruppen mit Maschinengewehren. Es war nicht so, daß sich diese Kampfgruppen in einer Front gegenüber gestanden hätten, es war eher ein Durcheinander, in dem man bei dieser Entfernung Freund und Feind nicht leicht ausmachen konnte.

Nach der Essenausgabe bin ich etwa um 14 Uhr auf den Block von Ludwig Becker gegangen, der dort Blockältester bei Reichsdeutschen war. Auf diesem Weg konnte ich im Lager nichts besonderes feststellen. Durch eine Lagerstraße konnte ich zu einem Postenturm sehen, der noch von einem SS-Mann besetzt war. Dieser hatte sein Hemd ausgezogen und deutlich sichtbar aufgehängt, offensichtlich wollte er rechtzeitig die weiße Fahne zeigen. Kurz nach mir kam auch der Leiter der illegalen

Schwabengruppe, Hans Rueß, auf diesen Reichsdeutschenblock. Wir drei unterhielten uns selbstverständlich über die Lage. Dabei meinte Hans Rueß, in zwei Stunden seien die Amerikaner im Lager. Als ich nach einiger Zeit wieder in die Küche zurückging, sah ich auf einer Lagerstraße an einer Kreuzung den Häftling Bua (Spitzname), der für die Wasserversorgung im Lager zuständig war, mit einem leichten Maschinengewehr auf einem dreibeinigen Gestell stehen; er schoß in den Wald hinüber in Richtung DAW-Werkstätten. Dort konnte ich eine Gruppe Zivilisten erkennen, die sich durch den Wald bewegten. Vermutlich handelte es sich um Volkssturmleute, die den Auftrag hatten, die von der SS inzwischen verlassenen Postentürme zu übernehmen. Daß sie diesen Auftrag nicht ernst nahmen, bewies ihr Verhalten. Sie zogen uninteressiert am Lager vorbei.

In der Küche angekommen, schaute ich nochmal mit dem Feldstecher in die Kampfzone. Der Feldstecher war überflüssig geworden. Jetzt konnte ich den Anmarsch der Amerikaner mit dem bloßen Auge sehen. Ihre schweren Panzer fuhren unverzüglich auf der Hauptstraße in Richtung Weimar weiter. Die Vorhersage unseres Vormannes hatte also gestimmt; es war um 16 Uhr, als sich das uns alle beglückende Ereignis, die Befreiung von der Naziherrschaft, vollzog.

Ein Vorgang ist mir noch gut im Gedächtnis. In einer Lagerstraße stand ein Schützenpanzer, um ihn herum hatten sich zahlreiche französische Häftlinge versammelt. Ein großer Jubel brach aus, es handelte sich um französische Soldaten, die mit den Amerikanern gegen die verhaßten Nazis gekämpft hatten. Nach der Ankunft der Amerikaner wurde die Lautsprecheranlage zum erstenmal von einem Häftling bedient, der Lagerälteste Hans Eiden sagte ins Mikrophon:
«Kameraden, wir sind frei! Die SS-Banditen sind vor unseren Befreiern, der amerikanischen Armee, weggelaufen».

So erlebte ich eine Woche nach meinem 40. Geburtstag den schönsten Tag meines Lebens. Ich fühlte mich wie neu geboren, nach vielen Jahren der Willkür wieder frei zu sein. Mit Worten sind diese Empfindungen nicht zu schildern, man muß sie erlebt haben.

Von jetzt an war das Lagerkomitee nicht mehr illegal, es wurde von den Amerikanern anerkannt als legales internationales Lagerkomitee, das auch das uneingeschränkte Vertrauen der Häftlinge aufgrund des sauberen und mutigen Verhaltens dieser Funktionäre genoß. In der Folgezeit wurde das Lager vom Komitee in Ordnung weitergeführt. Der Lagerschutz war inzwischen schon bewaffnet worden. Er mußte die im Lager zurückgebliebenen SS-Leute festnehmen und in einer Baracke bewachen, um sie den Amerikanern zu übergeben. Als ich in diesen Tagen an dieser Baracke vorbeiging, sah ich am Fenster einen SS-Mann, einen Rumäniendeutschen, der bei uns in der Häftlingsküche früher Dienst gemacht hatte. Ich fragte ihn, warum er nicht geflüchtet sei. Er antwortete, er habe nichts getan, deshalb sei er geblieben.

Trotz der großen Ereignisse der letzten Tage mußte der Küchenbetrieb weitergehen. Die Amerikaner schafften aus deutschen Wehrmachtsbeständen ausreichend Lebensmittel in besserer Qualität heran, als die von den Nazis uns jahrelang zugemutete Verpflegung. Die Kartoffelschäler mußten jetzt nicht mehr arbeiten. Dafür mußten auf Befehl der Amerikaner täglich etwa 100 Hausfrauen von Weimar nach Buchenwald kommen, um bei uns im Kartoffelschälkeller Gemüse zu putzen, Kartoffeln zu schälen und ähnliche Arbeiten zu verrichten. Am Anfang hatten diese Frauen große Angst vor uns, sie wollten nicht nach Buchenwald kommen. Aber es war ein Befehl der Amerikaner, ein Sträuben half nichts.Als die Frauen dann ins Lager kamen, wurden sie von Robert Siewert auf dem Appellplatz begrüßt und über unsere »Schandtaten« aufgeklärt, die ihnen die Nazis erzählt hatten. Sehr schnell schlug die Stimmung um, als wir den Frauen abends noch Lebensmittel mit nach Hause gaben. Bald war es umgekehrt; jetzt wollten alle nach Buchenwald kommen, aber die Zahl war begrenzt. Im Kartoffelschälkeller sprach ich mit den Frauen über das 3.Reich und vor allem über das KZ Buchenwald. Sie behaupteten, nichts über die Vorgänge im Lager gewußt zu haben. Als ich sie daran erinnerte, wie wir 1939 in Weimar von der Bevölkerung empfangen worden waren, gab es viele rote Köpfe.

Meine Küchentätigkeit hatte ich einige Tage nach der Befreiung eingestellt und tschechischen Kameraden die Küchenarbeit überlassen, die dazu bereit waren. Das Kochen war jetzt leichter als zuvor, da genügend Lebensmittel zur Verfügung standen und die Zahl der Lagerinsassen mit jedem Tag geringer wurde. Viele Kameraden sind zu Fuß in ihre Heimatorte gegangen, wenn die Entfernungen nicht zu groß waren. Ausländische Kameraden wurden von ihren Heimatländern zurückgeholt. Nur um uns Deutsche kümmerte sich niemand. Es gab keine intakten Behörden, die unseren Heimtransport hätten veranlassen können.

Während unserer Wartezeit in Buchenwald hatte ich mich zunächst in der näheren Umgebung des Lagers umgesehen. Der Bismarckturm in der Nähe war mein erstes Ziel. Dort befand sich eine größere Mulde, die mit Erde aufgefüllt war, aber nicht nur Erde war das Füllmaterial, sondern zahlreiche tote Häftlinge, die von der SS wegen Kohlenmangels nicht mehr verbrannt werden konnten und hier verscharrt worden waren. Diese Arbeit mußte in großer Eile verrichtet worden sein; denn die Leichen waren nur mit einer dünnen Erdschicht überdeckt. Als ich über diese hinwegging, hatte ich das Gefühl über ein Moor- oder Sumpfgebiet zu gehen, so weich war die Erde. Dabei schauten mitunter Hände und Füße aus der Erde, ein schauerlicher Anblick. In den ersten Tagen war es noch riskant, nach Weimar zu gehen. Einzelne versprengte SS-Leute hielten sich noch im Wald auf und schossen in Richtung Straße. Einige Tage später ging ich nach Weimar; wir konnten jetzt gehen und kommen, wann wir wollten. Es herrschte völlige Freiheit im Lager. Bei diesem Ausflug sah ich an der Straße nach Weimar etwa ein Dutzend erschossener Häftlinge am Straßenrand liegen. Sie hatten Schußverletzungen, bei denen der Ausschuß ein faustgroßes Loch aufwies. Ein Beweis, daß sie beim Transport aus geringer Entfernung erschossen worden waren.

Acht Tage nach unserer Befreiung rief das Lagerkomitee alle noch im Lager befindlichen Häftlinge auf den Appellplatz zu einer Versammlung zusammen. Dort wurde zur politischen Lage Stellung genommen und über die zukünftige Arbeit gesprochen, die uns angesichts der über 56.000 Toten in Buchenwald bevorstehen würde. Uns Überlebenden erwachse aus der Treue zu unseren toten Kameraden die Verpflichtung, unsere ganze Kraft dafür einzusetzen, daß der bisherige illegale Kampf gegen den Faschismus jetzt auch in legaler Weise fortgesetzt wird. Um den Ernst dieser Verpflichtung zu dokumentieren, hatte das internationale Lagerkomitee den folgenden Treueschwur bekannt gemacht und um Zustimmung gebeten:
«Wir stellen den Kampf erst ein, wenn auch der letzte Schuldige vor den Richtern der Völker steht».
Diesem Treueschwur stimmten alle Versammelten mit erhobener Hand zu. Die Zustimmung war für uns alle keine leere Formsache; sie war ein echtes Anliegen, das uns tief bewegte.

Eine weitere Zusammenkunft fand am 1.Mai 1945 auf dem Appellplatz statt. Auf diesem war oben vor dem Torgebäude eine Ehrentribüne aufgebaut, auf der Offiziere der Alliierten Platz genommen hatten. Die Kameraden marschierten mit Fahnen und Transparenten auf den Appellplatz und an den Offizieren vorüber, was mit großem Beifall bedacht wurde. Diese Geste war wohl als Ausdruck unserer Dankbarkeit für die Befreiung zu betrachten.

Nun waren fast drei Wochen seit unserer Befreiung vergangen, und immer noch war keine Aussicht auf eine Heimfahrt. Von den Amerikanern bekamen wir reichsdeutsche Politische hinsichtlich Fahrzeugen und Benzin keine Unterstützung. Für sie waren wir Kommunisten, die in amerikanischen Augen erst nach den Nazis einzustufen waren.

Endlich gelang es uns Ende Mai, nach 6 Wochen Wartezeit, beim Roten Kreuz in Erfurt einen Omnibus und das nötige Benzin zu organisieren.

Nun konnten wir die Heimreise nach Stuttgart antreten. Zuvor holten wir in der Effektenkammer unsere eigenen Sachen und den Koffer von Willi Bleicher, der seit Ichtershausen verschollen war. Die Fahrt ging über Würzburg, damals eine Geisterstadt; nur Ruinen, keine Menschen. Für uns ein furchtbarer Anblick. Wir sahen zum erstenmal eine von Fliegern zerstörte Stadt. Dies war so bedrückend, daß keiner ein Wort sprach, bis Hans Rueß diese Stille durchbrach und erklärte: Jetzt gibt es nur eines, wieder aufbauen und nochmals aufbauen. Nach einigen Reifenpannen, die letzte vor Waiblingen, kamen wir wohlbehalten in Stuttgart an. Dort erfuhr ich, daß das Haus im westlichen Stadtteil, in dem ich mit meinen Eltern zur Miete gewohnt hatte, beim letzten Fliegerangriff total ausgebrannt sei und meine Eltern in der Wohnung meiner Schwester im östlichen Stadtteil lebten. Meine Schwester war auswärts dienstverpflichtet, mein Schwager im Lazarett, so konnten wir, mein Freund Ludwig Becker und ich, bei meinen Eltern unterkommen. Letzterer hatte zunächst keine Möglichkeit, nach Schwenningen heimzufahren.

Uns stand noch ein schwerer Gang bevor: Wir mußten den Koffer von Willi Bleicher seinen Angehörigen überbringen. Dabei gab es eine Schwierigkeit, wir mußten über den Neckar, aber die Betonbrücke war gesprengt. Mit Mühe konnten wir über die Trümmer klettern, einer voraus, der andere reichte den Koffer nach, um dann selbst nachzuklettern. So kamen wir mit dem Koffer bei Willis Eltern an. Die größte Schwierigkeit hatten wir jetzt noch zu überwinden, nämlich den Eltern von Willi's ungewissem Schicksal zu berichten. Wir wußten zu diesem Zeitpunkt nicht, ob er noch lebte oder umgekommen war. Das letzte Lebenszeichen von ihm hatten wir etwa im Dezember 1944 aus Ichtershausen erhalten. Es war bitter für uns beide, selbst wohlbehalten aus der Todesmühle der Nazis herauszukommen und vom gemeinsamen Freund keine bestimmte Nachricht geben zu können. Trotzdem Hoffnung zu vermitteln, war das einzige, was wir den Angehörigen damals bieten konnten. Diese Hoffnung hatte sich gelohnt: Willi Bleicher kam Mitte Juni 1945 wohlbehalten nach Stuttgart zurück, nachdem ihn die Gestapo zuvor noch in die Tschechoslowakei verschleppt hatte.

Sofort nach meiner Ankunft in Stuttgart hatte ich mich nach dem Aufenthaltsort meiner Braut erkundigt. Es wurde mir mitgeteilt, sie hätte sich aus Angst vor Fliegern zu Bekannten aufs Land begeben. Von dort holte ich sie nach Stuttgart zurück. Im Juni 1945 haben zwei glückliche Menschen nach mehr als 10 Jahren Trennung die Ehe geschlossen, um gemeinsam die verbleibenden Jahre besser zu gestalten als die vergangenen.

33. Schlußbemerkungen

Die Ursachen für die Machtergreifung der Nazis waren nicht erst in den Krisenjahren 1929 - 1932 zu suchen, sondern schon bei der Revolution 1918, in der viel versäumt wurde. Nicht umsonst ging damals das geflügelte Wort durch die Lande: «Der Kaiser ging, die Generäle blieben», und mit ihnen ein wesentlicher Teil der reaktionären Beamten, im besonderen bei der Justiz. Sie waren von Anfang an Gegner der Demokratie. Unter diesen Voraussetzungen konnten sich die rechtsgerichteten Organisationen und Bünde ungestört entfalten und ihren Kampf gegen die Weimarer Republik bis zu Fememorden steigern. Umso aufmerksamer überwachten diese rechtsgerichteten Beamten des Staates die Regungen der demokratisch und sozialistisch eingestellten Arbeiterorganisationen, um sie in ihrer Tätigkeit zu behindern.

So trug die Weimarer Republik schon bei ihrer Geburt den Todeskeim in sich. Als dann 1929 - 1932 die von Amerika ausgehende Krise über die Weimarer Republik hereinbrach und die gespaltene Arbeiterbewegung das Wesen des Faschismus nicht erkannt hatte und darauf verzichtete, durch eine gemeinsame Aktion die Machtergreifung Hitlers zu verhindern, war es zu spät. Das traurigste Kapitel deutscher Geschichte nahm seinen Lauf. Zu wenige hatten erkannt, daß die absolute Beherrschung aller Lebensbereiche der Bevölkerung die unverzichtbare Voraussetzung für den Erfolg des Faschismus und seiner Kriegsvorbereitungen sein würde. Deshalb die Ausschaltung oder Gleichschaltung aller Organisationen und Institutionen. Diese Erkenntnis wurde schon vor 1933 am klarsten und eindeutigsten von der KPO (Kommunistische Partei Opposition), insbesondere von ihrem Theoretiker Dr. August Thalheimer, vertreten.

Nach den Erfahrungen mit dem 3. Reich werden häufig verständlicherweise Überlegungen angestellt, ob in der Bundesrepublik noch einmal eine ähnliche Entwicklung möglich wäre. Ein Auschwitz wird es sicher nicht wieder geben. Aber mit großen sozialen und politischen Spannungen muß trotz Wegfall der Naziargumente, Versailler Vertrag und Dolchstoßlegende, gerechnet werden, die aber mit konservativen oder gar reaktionären Methoden nicht gelöst werden können. Bei einem Vergleich Weimarer Republik und Bundesrepublik darf nicht übersehen werden, daß auch beim Beginn und bei der weiteren Entwicklung der Bundesrepublik die Lehren aus der Vergangenheit nicht allzu ernst genommen wurden.

In hohe und höchste Staatsämter wurden Personen eingesetzt, die sich durch aktive Unterstützung der Nazis oder Zustimmung zum Ermächtigungsgesetz schuldig gemacht hatten. Die sogenannte Entnazifizierung wurde nicht unter politischen Gesichtspunkten, sondern von Juristen durchgeführt, die zum großen Teil selbst belastet waren und bis heute nicht zur Rechenschaft gezogen wurden. Ein typisches Beispiel sind die Richter am Volksgerichtshof, die, wenn sie nicht gestorben sind, vom Staat noch heute hohe Pensionen beziehen. Die Naziprozesse, in denen die Vorgänge in den KZ's verhandelt wurden, geben insgesamt betrachtet ein jammervolles Bild: von Bewältigung der Vergangenheit keine Spur. Kein Wunder, daß bereits wieder die Neonazis in schwarzen Uniformen aufmarschieren; so hatte es auch in der Weimarer Republik begonnen. Ähnliches gilt auch für die Entwicklung der Wirtschaft. Entgegen den Erklärungen, daß die kapitalistische Wirtschaftsordnung die Bestrebungen der Nazis begünstigt hatte, wie sie auch im Ahlener Programm der CDU gleich nach 1945 zum Ausdruck gekommen sind, wurde die Macht des Unternehmertums von Tag zu Tag größer, während den Arbeitnehmern die Mitbestimmung in der Wirtschaft bis heute verweigert wird. Zwar hatte die Sozialdemokratie nach 1970 mit den Ostverträgen die Folgen der Naziverbrechen bis 1945 anerkannt und mit den sozialistischen Staaten Osteuropas friedliche Beziehungen zu etablieren versucht.

Aber das Großbürgertum und seine Parteien wollen faktisch den jetzigen Zustand wieder in Frage stellen. Wieder wird die Sowjetunion als Feind dargestellt und ihr historisch verständliches Verteidigungsbedürfnis in Aggressivität umgedeutet, der Sozialismus verketzert, der kalte Krieg angeheizt. Alles in allem keine hoffnungsvollen Aussichten für die Zukunft.

Nach diesem kurzen Ausflug in die Politik möchte ich wieder zurückkehren zum Lagerleben, zunächst aber auf die oft gestellte Frage eingehen, warum ich mich nicht zurückgehalten oder gar angepaßt hätte, um nicht verfolgt zu werden.

Wenn man sich seit Eintritt ins Arbeitsleben mit Politik befaßt hatte und zu einer bestimmten Meinung gekommen war, lag es doch nahe, daß man in einer so bewegten Zeit wie bis 1933, bei den verschiedensten Gelegenheiten an Diskussionen engagiert teilgenommen hatte. Dabei konnte ich oft feststellen, daß die Menschen die jeweilige politische Lage mehr nach dem Gefühl als nach dem Verstand beurteilten. Über das Wesen des Faschismus wußten die wenigsten Bescheid. So fühlte ich, genau wie meine Genossen, die Verpflichtung in mir, andere Menschen über die zu erwartende Politik der Nazis und deren Gefahren aufzuklären und zu warnen. Sollte man die Erkenntnis, daß die Politik Hitlers (siehe «Mein Kampf») zwangsläufig zum Krieg führen mußte, für sich behalten? Dies wäre mir nicht möglich gewesen, es sei denn, ich hätte mein Gewissen bis zum heutigen Tag belastet. Wenn man eine politische Meinung hat, muß man sie auch dann vertreten, wenn es gefährlich wird, allerdings unter Berücksichtigung der jeweiligen Bedingungen. Diese hatten wir beachtet. Das Risiko der illegalen Tätigkeit im 3.Reich war uns allen bekannt; für verheiratete Genossen war es größer als für uns Ledige, wir hatten es in Kauf genommen.— Noch ein letztes zu diesem Thema: wie stünde Deutschland in der Welt heute da, wenn sich nirgendwo ein Widerstand gegen das 3.Reich gezeigt hätte. Unser Widerstand begann bereits am Tage der Machtübergabe an Hitler, am 30.Januar 1933, weil wir das Verhängnisvolle des deutschen Faschismus erkannt hatten, und nicht erst am 20.Juli 1944, als der Letzte die Katastrophe des Hitlerschen Größenwahns erkennen mußte. Unser Widerstand hatte sozialistische Ziele, während manche späte bürgerliche Gegner Hitlers von 1944 vor allem Angst um den Bestand des Kapitalismus und der mit ihm verbundenen Militärhierarchie hatten.

Eine weitere Frage, die häufig gestellt wurde, lautete: Wie kann man Zuchthaus und KZ über 10 Jahre aushalten? — Zunächst wußte keiner, wie lange er mit der KZ-Haft nach der Verbüßung der Gerichtsstrafe rechnen mußte. Im KZ merkte man jedoch bald, daß es lange dauern könnte, bis sich die Tore zur Freiheit öffnen würden. Denn einzelne Entlassungen waren sehr selten. Eine Ausnahme war Hitlers 50.Geburtstag am 20.April 1939, als in Dachau eine größere Zahl von Häftlingen entlassen wurde. Als dann im September desselben Jahres der 2.Weltkrieg ausgebrochen war, konnte niemand mehr mit seiner Entlassung rechnen. Die wichtigste Voraussetzung für einen politischen Häftling war das Wissen um die Brutalität des faschistischen Systems, gegen das er bewußt gekämpft hatte und in dessen Fänge er nun geraten war.

Mit dieser Erkenntnis konnte der politische Häftling das harte Schicksal der Gefangenschaft im eigenen Lande leichter ertragen, als Häftlinge, die vom Faschismus keine richtige Vorstellung hatten und deshalb mit ihrem Schicksal haderten, weil sie wegen eines Flugblatts, eines politischen Witzes oder wegen sonstiger Bagatellen, oft jahrelang eingesperrt wurden. Solche Häftlinge hatten in ihrer Verzweiflung des öfteren im Selbstmord durch Erhängen den «Ausweg» gesucht. Wenn beim Abendappell ein Häftling fehlte, gab der Rapportführer den Befehl zum Suchen. Dann ging der Stubendienst los, zuerst zu der damals im Bau befindlichen Effektenkammer. Dort wurde dann meistens der Gesuchte erhängt aufgefunden. Jetzt konnte der Appell beendet werden.

Eine Erleichterung im Lagerleben war die Tatsache, daß man nicht allein war, sondern Tausende das gleiche Schicksal von Tag zu Tag teilten, darunter viele Freunde und Genossen. Die politischen Kumpels verband eine enge Kameradschaft und hervorragende Solidarität, wie ich sie nie mehr erlebt habe. Einige Kumpels hatten sogar die Todespritze dem eventuell durch Folterungen erzwungenen Verrat vorgezogen.- Gewiss gab es auch beim Militär Kameradschaft. Immer wenn Menschen einer gemeinsamen Gefahr gegenüberstehen, ob im Bergwerk oder an der Front, stehen sie enger zusammen. Aber der eine Soldat an der Westfront sah in dem Franzosen, der ihm gegenüberstand, den Erbfeind, den er haßte, während der andere Soldat sich fragte: warum muß ich auf den Franzosen schießen, er hat mir doch nichts getan. Im Prinzip waren sich die beiden Soldaten also nicht einig.- Anders bei politischen Kumpels. Beide hatten gegen den Faschismus gekämpft, beide kamen ins Lager, beide waren der Willkür der SS ausgesetzt, und beide wollten das Gleiche: den Faschismus beseitigen. Deshalb möchte ich die letztere Kameradschaft höher einstufen als die militärisch erzwungene. Sie stärkte die Widerstandskraft eines jeden von uns in unserer physischen Wehrlosigkeit gegen die bewaffneten, mit Folterinstrumenten ausgerüsteten Beherrscher, die oft von ihren Anführern zur Brutalität aufgestachelt wurden.

Zu diesen Punkten kam noch hinzu, daß wir Kumpels in der illegalen politischen Tätigkeit nicht nur eine wichtige Aufgabe sahen, sondern die Hoffnung schöpften, daß es uns durch diese gemeinsame Arbeit gelingen könnte, eines Tages das Lager Buchenwald lebend zu verlassen. Um diese langen Jahre gut zu überstehen, brauchte man etwas Glück und vor allem gute Nerven. Ein politischer Kamerad, der schon Jahre im Lager war, hatte zwei Wochen vor dem Ende die Nerven verloren und sich erhängt. Diese letzten zwei Wochen hatten wohl unser aller Nerven am meisten strapaziert.

Die soeben aufgeführten Argumente, die das jahrelange Ertragen der Gefangenschaft verständlich machen sollen, dürfen nicht vergessen lassen, daß es trotzdem überaus schwer war, Tag für Tag die Demütigungen und die Willkür der SS zu ertragen. Schon vom ersten Tag an war man für die Herrenrasse SS kein Mensch mehr, sondern nur noch eine Nummer. Es wurde nicht «Herr Maier ans Tor», gerufen, sondern «Häftling Nr. sowieso ans Tor», lautete der Befehl. Bei der Arbeit galt folgende Vorschrift: «Mütze ab, stramm stehen»; «Häftling Nr. sowieso bittet austreten zu dürfen». «Hau ab», ein freches Du war die barsche Antwort des SS Mannes. Oder in gleicher Weise: «Häftling Nr. sowieso bittet vorbeigehen zu dürfen», wenn ihm ein SS-Mann, mitunter absichtlich, im Wege stand. Besonders krass zeigte sich das Verhältnis Häftling - SS, wenn ein älterer Häftling, der den ersten Weltkrieg an der Front mitgemacht hatte, zu 25 Stockhieben verdammt war, von einem jungen SS-Mann die Prügel bekam, der altersmäßig der Sohn des Häftlings hätte sein können.

Am schlimmsten war die Tatsache, daß Leben oder Tod der Häftlinge in die Hände der SS gegeben waren; für sie waren wir nur Sklaven; der einzelne SS-Mann konnte sich gegenüber einem Häftling alles, bis zum Töten, erlauben. Er mußte vor keinem Gericht über sein Tun Rechenschaft ablegen. In den ersten Jahren, als noch die Dezimierung der Nazigegner im Vordergrund stand, bekam der SS-Mann für die Tötung eines Häftlings eine Prämie.— Deprimierend war bei diesen Vorgängen noch das Bildungsgefälle von den Häftlingen zur SS. An Allgemeinbildung waren die Häftlinge der SS überlegen, in politischen Bereichen herrschte noch ein größeres Mißverhältnis zuungunsten der SS. Diese Feststellung wird verständlicher, wenn man weiß, daß ein Teil der SS-Angehörigen, nicht nur der Mannschaften, auch der Offiziere, eine zweifelhafte Vergangenheit aufzuweisen hatte. Angeber und Schläger konnten sich bei der SS austoben und uns Häftlinge schikanieren und foltern.

Auch hier ist ein Vergleich - Soldaten im Krieg und Häftlinge im KZ - angebracht. In beiden Fällen bestand Todesgefahr, nur mit dem Unterschied, daß Soldaten eine Waffe hatten und sich wehren konnten, während Häftlinge keine Waffen hatten und der Willkür der SS wehrlos ausgeliefert waren. Im Krieg wurde in beiden Richtungen geschossen, im KZ immer nur in einer Richtung.

Zum Schluß noch eine Bemerkung zur häufig erwähnten Selbstbefreiung der Häftlinge im KZ Buchenwald. Im allgemeinen wird der Begriff Selbstbefreiung doch wohl so verstanden, als hätten die Häftlinge die SS vertrieben, um frei zu werden. Davon konnte in Buchenwald keine Rede sein. Mit einer geringen Zahl von Waffen gegen die vielfach überlegene SS einen Kampf mit Erfolg zu wagen, war vollkommen aussichtslos, solange die SS noch im Lagerbereich war. Die SS rückte am Befreiungstag, dem 11.April 1945, zwischen 10 und 11 Uhr vom Lager ab, weil die Amerikaner, bildlich gesprochen, vor den Toren standen. Bis zu diesem Zeitpunkt hatte ich außer dem Gefechtslärm außerhalb des Lagers nichts von Kampfhandlungen innerhalb des Lagers vernehmen können. In der Zeit zwischen der Flucht der SS vor den herankommenden Amerikanern und deren Einzug ins Lager etwa um 16 Uhr hatten Häftlinge, insbesondere der Lagerschutz, die zurückgebliebenen SS-Leute verhaftet oder überwältigt. So wurden etwa 100 SS-Leute in einer Baracke festgehalten und nachher den Amerikanern übergeben. Diesen Vorgang zu einer Selbstbefreiung hochzustilisieren, ist meines Erachtens nicht gerechtfertigt.

Eigenartigerweise hatte ich in den 6 Wochen seit der Befreiung bis zu unserer Heimfahrt nie etwas von Selbstbefreiung im Lager gehört. Andere parteitreue Kameraden der KPD, die kurze Zeit nach dem 11.April 1945 schon Berichte über das Lager Buchenwald und die Vorgänge bei der Befreiung geschrieben haben, haben an keiner Stelle eine Selbstbefreiung erwähnt. Dieser Begriff ist erst später geboren worden, vermutlich im Schatten des kalten Krieges, der bald nach Kriegsende begann. Bei allem Verständnis dafür, daß manche Kommunisten nicht von Soldaten des hochkapitalistischen Amerika befreit sein wollten, halte ich es für richtiger, bei den Tatsachen zu bleiben und nicht durch eine andere Version die Glaubwürdigkeit der Berichte über KZ's zu gefährden. Die Kommunisten haben alles in allem in Buchenwald eine hervorragende Arbeit geleistet. Ihre Funktionäre hatten sich mit viel Mut und Aktivität für die Kameraden eingesetzt; sie hatten es verstanden, auch die ausländischen Kameraden in unsere Gemeinschaft einzugliedern, was sich besonders am Ende der Naziherrschaft im Lager, unter Führung des Internationalen Lagerkomitees, bewährt hatte. So gesehen war es nicht notwendig, eine Selbstbefreiung zu konstruieren.

Mit diesem Bericht über meine Erlebnisse und Beobachtungen im Zuchthaus und in den KZ's habe ich versucht, jungen Menschen Einblicke in die Geschehnisse dieser Zeit zu geben, die für Gegner des 3.Reiches wahrlich nicht leicht war. Für diejenigen, die diese Zeit miterlebt haben, möge der Bericht eine Erinnerung an diese Vorgänge sein, aber auch eine Mahnung mitzuhelfen, daß so etwas nicht noch einmal geschieht. Es ging mir in diesen Ausführungen nicht um eine Untersuchung der Naziherrschaft, sondern um die Auswirkungen derselben auf die Menschen, die anderer Meinung waren. Nach teilweise mehr als 40 Jahren war es nicht leicht, sondern oft recht schmerzlich, Einzelheiten aus den Erinnerungen hervorzukramen. Jedenfalls habe ich mich bemüht, nach bestem Wissen und Gewissen wahrheitsgemäß zu berichten. Was die Art der Darstellung betrifft, möchte ich darauf aufmerksam machen, daß ich weder Journalist noch Schriftsteller bin. Von einem Maschinenschlosser kann man schließlich kein literarisches Kunstwerk erwarten. Trotzdem hoffe ich, daß diese Arbeit nicht umsonst war, sondern ein Beitrag zur Aufklärung über die Vorgänge in den KZ's und ein Dank für die überlebenswichtige Solidarität sein möge. Vor allem soll sie die Erinnerung an alle jene Mithäftlinge und Gesinnungsgenossen wachhalten, mit denen ich zusammen gekämpft und gelitten habe, die der Nazibrutalität nicht genügend Widerstandskraft entgegensetzen konnten, die während dieser Schreckensjahre ums Leben kamen, deren Vernichtung wir voller Zorn, aber hilflos gegenüberstanden, für deren Rettung unsere Solidarität nicht ausreichte. Dieser verfolgten Gegner der Nationalsozialisten - Kommunisten, Sozialdemokraten, Gewerkschaftler, Juden, Bibelforscher und anderer - möchte ich als Überlebender mit meinem Buch gedenken. Die Solidarität der Verfolgten und ihrer Genossen außerhalb der Lager, der Widerstand seit 1933 und die schweren Opfer mahnen uns alle, die Lehren von 1933-1945 nicht zu vergessen und wachsam zu sein gegen Neonazismus und Kriegsgefahr.

Anmerkungen

1) Die »Brüsseler Konferenz« der KPD fand zwei Monate nach dem VII. Weltkongreß der Komintern vom 3.-15.10.1935 in Moskau statt. Sie diente der Kritik an der ultralinken Politik der KPD gegenüber dem Hitlerfaschismus, die die Machtübertragung an Hitler 1933 erleichtert und auf die KPD-Mitgliedschaft demoralisierend gewirkt hatte. Von der früheren Ablehnung einer leninistischen Einheitsfrontpolitik mit den Sozialdemokraten, die man bis 1933 als gefährliche Erbfeinde bezeichnet hatte, schwenkte man nun zur Volksfront, in der man mit den demokratisch gesonnenen Teilen der Bourgeoisie gegen Hitler zusammenarbeiten wollte.

2) Die Moskauer Prozesse 1936-38 führten zu Anklagen gegen und zur Hinrichtung großer Teile der besten Kader der KPSU in allen Bereichen: Partei, Militär, Staatsverwaltung, Wirtschaftsführung und -planung, Bildungswesen. Unter den unsinnigsten Anklagen und nach durch Folter erzwungenen absurden Geständnissen wurden viele frühere Funktionäre und praktisch alle potentiellen Gegner der Stalinschen Führung und ihrer Methoden liquidiert. Auf dem 20.Parteitag der KPdSU 1956 hat N.S.Chruschtschow in einem »Geheimbericht« die Wahrheit enthüllt, die Rehabilitierung der ermordeten verdienten Kommunisten eingeleitet und damit den Prozess der Entstalinisierung begonnen.

3) Das Ahlener Programm der CDU von 1947, unter Mitarbeit und Zustimmung Konrad Adenauer's angenommen, enthält u.a. ein Bekenntnis zu sozialistischen Anschauungen. Dieses wurde dort hineingeschrieben nicht aus Überzeugung, sondern aus Angst vor den deutschen Arbeitern und mit der festen Absicht, das kapitalistische Wirtschafts- und Gesellschaftssystem wieder voll einzurichten.

Bildbiographien

Albrecht, Alfred
geb.: 17.11.1906
in Stuttgart
Mechaniker

1921 Kommunistischer Jugendverband, 1922 DMV. Funktionen in beiden Organisationen. 1924 Jugendleiter des DMV Stuttgart. Delegierter zum Jugendkongress des ADGB in Hamburg und dort in der Fraktionsleitung der KJ. 1924 Mitglied der Reichsleitung des KJV in Berlin, damals bereits Differenzen in Berlin und Stuttgart wegen Gewerkschaftsarbeit. In Stuttgart zweiter Vorsitzender des Kartells der Gewerkschaftsjugend. In der Gewerkschaftsjugend hatten die Kommunisten die Mehrheit. 1928 und 1932 Teilnahme an den Gewerkschaftskongressen in Karlsruhe und Berlin. 1925 - 1933 Mitglied der engeren Ortsverwaltung des DMV, oft Sprecher der Opposition in den Delegiertenversammlungen. 1928 Ausschluß aus der KPD und dem KJVD als sogenannter Renegat. Ab Ende 1928 Mitglied der KJO und KPO, Mitglied der Reichsleitung der KJO. Ab 1932, als die Reichsleitung der KJO nach Stuttgart verlegt wurde, politische Leitung. Verhaftung wegen illegaler Tätigkeit 1934, Ausbruchsversuch, erneute Haft, Verurteilung zu 3 Jahren Gefängnis, Entlassung 1937. Militärdienst und sowjetische Kriegsgefangenschaft 1943 - 1948. Seitdem lebt er in Wien.

Becker, Ludwig
geb.: 25.10.1892
in Schwäbisch Gmünd
Goldschmied

Mitglied der Freien Sozialistischen Jugend. Im Ersten Weltkrieg vier Jahre an der Front.
Als begeisterter Naturfreund Schriftleiter des «Aufstieg». 1923 Landtagsabgeordneter in Württemberg für die KPD, nach seinem Ausschluß 1929 für die KPO. Tritt für gemeinsamen Kampf aller Arbeiterorganisationen gegen den Faschismus ein. Bis 1933 Erster Bevollmächtigter des DMV in Schwenningen. 1939 ohne Urteil bei einer Nazi-Aktion verhaftet, zunächst auf den Asperg, dann nach Buchenwald. Dort in der illegalen politischen und militärischen Organisation bis 1945 tätig. Nach 1945 gewerkschaftliche Mitarbeit beim Aufbau der IG Metall Südwürttemberg und Südbaden. Von 1953-1959 Bezirksleiter für Baden-Württemberg. Am 4.4.1974 in Stuttgart-Cannstatt gestorben.

Bleicher, Willy
geb.: 27.10.1907
in Stuttgart-Untertürkheim
Metallarbeiter bei Daimler-Benz

Mitglied und Funktionär des DMV und des KJVD. Seit 1929 Mitglied der KJO. Mai 1933 Emigration, 1934 Rückkehr nach Deutschland. 2.Januar 1935 verhaftet, verurteilt zu zwei Jahren Gefängnis in Ulm/Donau. Danach KZ Welzheim, ab Oktober 1938 Buchenwald. Dort im Straßenbau beschäftigt, später Kapo in der Effektenkammer. In der illegalen Organisation eine wichtige Funktion. Aus Humanität einen dreijährigen Polenjungen (Jude) versteckt und vor der Vergasung in Auschwitz gerettet. Wegen einer illegalen Veranstaltung im Lager im Oktober 1944 im Lager verhaftet und zur Gestapo nach Weimar und Ichtershausen (Thüringen) transportiert, anschließend in die Tschechoslowakei verschleppt. Rückkehr Mitte Juni 1945.
Wurde sofort im Arbeits-Ausschuß Stuttgart-Untertürkheim aktiv tätig. Seit 1.3.1946 Angestellter der IGMetall in verschiedenen Funktionen, zuletzt Bezirksleiter in Baden-Württemberg von 1959 bis 1972; in dieser Zeit führte er die Metallarbeiter zweimal in den Streik. 1945 - 1951 KPD, ab 1953 SPD. Gestorben 23.6.1981.

Brandler, Heinrich
geb.: 3.7.1881
in Warnsdorf, Böhmen
Fliesenleger

Gewerkschaft 1897, Deutscher Bauarbeiterverband 1900. Wanderschaft. 1901 SPD und Arbeiterbildungsverein Hamburg. 1904 aus Hamburg ausgewiesen, nach Bremen, bis 1908. Bis 1914 in der Schweiz, Tätigkeit in Arbeiterbildungsvereinen. Ab 1914 aktiv in der Gewerkschaft in Chemnitz und in der SPD-Linken, organisiert den Spartakusbund in Chemnitz. Ausweisung nach Österreich, Rückkehr nach Deutschland. Mitglied der KPD-Zentrale, 1921 Mitvorsitzender der VKPD. Enge politische Kooperation mit August Thalheimer. Nach Verurteilung Flucht nach Rußland, 1922 Rückkehr, Sekretär des Polbüros der KPD. 1924 Entzug aller Funktionen, Emigration in die SU, dort Ehrenämter in Staats-und Parteiapparat. Oktober 1928 Rückkehr nach Deutschland. Mitbegründer der KPDO- und Mitglied der RL von Ende 1928 an, ab 1931 ihr Sekretär. 1933 Emigration über Straßburg nach Paris, Sekretär des Auslandskomitees der KPO. 1939 Internierung. 1941 - 46 Emigration in Kuba. Nach Aufenthalt in London 1949 Rückkehr in die BRD. Mitglied der Leitung der Gruppe Arbeiterpolitik bis etwa 1956. Am 26.9.1967 in Hamburg gestorben.

Körner, Ernst
geb.: 18.9.1895
Schlosser

Nach Arbeitssuche und Arbeit in Stuttgart und München Militärdienst Herbst 1914 bis 1918. Ab 1920 wieder Arbeit in Stuttgart als Gußputzer. 1921 Betriebsratsvorsitzender bei Firma Streicher, Stuttgart-Bad Cannstatt. 1922 Mitglied des Deutschen Metallarbeiterverbandes (DMV). 1925 Beisitzer der Ortsverwaltung. 1930 fristlose Entlassung. Herbst 1930 Anstellung bei der Ortsverwaltung Stuttgart des DMV. 1933 Entlassung.
1923 Mitglied der KPD, Ausschluß Ende 1928 wegen Gegnerschaft gegen Gewerkschaftsspaltung (RGO-Politik). 1929 Beitritt zur KPDO. Illegale Arbeit nach 1933, 1935 erste Verhaftung, am 30.3. Entlassung. Am 3.Juli 1935 erneut verhaftet, 3 Jahre und 10 Monate Zuchthaus, Einzelhaft in Ludwigsburg. Überführung ins KZ Welzheim, Entlassung am 14.Juli 1939. Mehrere Gestapo-Verhöre; wieder Arbeit als Metallarbeiter.
8.Mai 1945 als Geschäftsführer zur IG Metall, Ortsverwaltung Stuttgart, 1946 Wahl zum 2.Bevollmächtigten. 1945 Mitglied der KPD, Kontakte zur Gruppe Arbeiterpolitik. Dezember 1951 Ausschluß aus der KPD («einstimmig») wegen Ablehnung der gewerkschaftsschädlichen Politik der KPD. Gestorben am 8.9.1954.

Rühle, Willi
geb.: 28.12.1912
in Allmersbach/Württ.
Klempner

DMV, KJO seit 1929. Wegen illegaler Tätigkeit, besonders aktiv bei Vervielfältigung und Verteilung der illegalen KPO-Literatur, 1934 inhaftiert. Nach Verbüssung der Haftstrafe ins Konzentrationslager Dachau bis 1945. Lebt heute in Herrenberg bei Stuttgart.

Schwab, Wilhelm
geb.: 7.8.1874
in Leipzig
Drechsler und Redakteur

1903 Kirchenaustritt. 1907 Mitglied der Sozialistischen Jugend in Stuttgart, später Vorsitzender ihres Landesausschusses Württemberg. Mitglied der SPD. 1911 - 1916 Mitglied im Gemeinderat Stuttgart für die SPD-Fraktion, Angehöriger des linken Westmeyer-Flügels, aus dem später der Spartakus-Bund hervorgeht. 1916 - 1918 2 1/2 Jahre im Zuchthaus wegen Verteilung antimilitaristischer Flugblätter des Spartakusbundes. (Haftkosten laut Zahlungsbefehl vom 24.4.1917: 1 845,29 RM). Nach kurzer Mitgliedschaft in der USPD Anfang 1919 Eintritt in die KPD. Von 1919 - 1930 wieder Gemeinderat in Stuttgart, zuerst für die KPD, ab 1929 für die KPDO. Ab November 1918 bis Anfang 1929 Redakteur des «Kommunist», später der «Süddeutschen Arbeiterzeitung». 1919 kurze Haft wegen eines Zeitungsartikels über die Rolle der Stuttgarter Studentencorps bei der Niederschlagung der Münchener Räterepublik. Anfang 1929 Ausschluß aus der KPD, Verlust der Redakteurstelle. 1929 Mitglied der KPDO. Ab 1931 Inhaber eines kleinen Tabakladens in der Friedrichstraße, nach 1933 Anlaufstelle für die illegale Arbeit der KPDO. 1945 kurze Zeit Mitglied der KPD, ab 1946 Mitglied der Gruppe Arbeiterpolitik. Gestorben am 29.8.1958

Siewert, Robert
geb.: 30.12.1887
in Schwersenz
Maurer

1906 SPD, während Wanderschaft in der Schweiz Verbindung mit Lenin und Heinrich Brandler. Mitglied des Spartakusbundes. 1919 KPD, Bezirkssekretär Sachsen, dort 1924 abgesetzt. In Berlin 1926 - 27 organisiert er mit Hans Beck die deutschen Arbeiterdelegationen in die SU. Januar 1929 Ausschluß aus der KPD, Mitglied der BL Westsachsen der KPO, organisiert die Herausgabe der Tageszeitung der KPO «Arbeiterpolitik» in Leipzig, ab 1931 in Berlin.
1933 Mitglied der illegalen RL, Ende 1934 Verhaftung, drei Jahre Zuchthaus, ab 1938 KZ Buchenwald, bis 1945. Im KZ Buchenwald Organisator der Einheitsfront aller Sozialisten. Dann Mitglied der KPD, später der SED, stellvertretender Ministerpräsident in Sachsen-Anhalt (DDR). 1950 erneut wegen früherer KPO-Zugehörigkeit relegiert und abgesetzt. Später «rehabilitiert» und höhere Verwaltungsfunktionen in Ostberlin. Dort gestorben am 2.11.1973.

Thalheimer, August
geb.: 18.3.1884
in Affaltrach/Württ.
Redakteur

1904 SPD, 1907 Dr. phil.,1909 Chefredakteur der Göppinger «Freien Volkszeitung», SPD. Enge Beziehungen zur SPD-Linken in Württemberg und Berlin. Mitglied der Gruppe Internationale seit 1914, 1915/16 Chefredakteur des Braunschweiger «Volksfreund», 1916 Militärdienst, 1918 in Stuttgart Teilnahme an der Revolution, Übersiedlung nach Berlin. Mitglied der Zentrale des Spartakusbundes, dann der KPD bis 1924. Galt als deren theoretischer Kopf. Redakteur der «Internationale» und zeitweise der «Roten Fahne», Zentralorgan der KPD. 1924 nach Moskau «gerufen», lebte dort bis 1927 in ehrenhafter Verbannung, hielt als Professor u.a. philosophische Vorlesungen an der Sun-Yat-Sen-Universität. Mai 1928 Rückkehr nach Deutschland. Januar 1929 Ausschluß aus der KPD und KPdSU. 1928/29 Mitbegründer der KPO, Mitglied der Reichsleitung, zusammen mit Brandler ständig in der Leitung. 1933 Emigration, Mitglied des Auslandskomitees. 1939 Internierung. 1941 Emigration nach Kuba. Ständige politische Kontakte mit KPO-Emigranten in vielen Ländern, nach 1945 auch nach Deutschland. Erhielt in den ersten Jahren nach Kriegsende von den alliierten Militärbehörden keine Einreisegenehmigung nach Deutschland. Gestorben 19. September 1948 in Havanna, Kuba. Neben seinen aktuellen politischen Arbeiten hat er zahlreiche theoretisch-strategische Artikel und größere Schriften verfaßt, auch Arbeiten zur marxistischen Philosophie. U.a. besorgte er die erste wissenschaftliche Ausgabe der Werke von Franz Mehring.

Weller, Willi
geb.: 21.6.1900
in Wüstenrot bei Backnang
Kraftfahrer

Arbeitete in zahlreichen Berufen und Tätigkeiten, meist als Kraftfahrer. Soldat im ersten Weltkrieg, kriegsbeschädigt. 1921 KPD, Ausschluß 1929, seitdem Mitglied der KPDO. Nach 1933 illegale Arbeit. Am 4.1.1935 verhaftet und zu zwei Jahren Gefängnis verurteilt. 1937 aus Gefängnis Ulm entlassen. Nach 1945 Mitglied der IG Metall, Angestellter der IG Metall. Seit 1946 Mitglied der Gruppe Arbeiterpolitik. Gestorben am 16.11.1971

Wilhelm, Karl
geb.: 21.5.1912
in Stuttgart
Mechaniker

Mitglied des DMV 1926 und des KJVD 1927, Mitglied der Leitung der DMV-Jugend, Leitungsmitglied der Naturfreundejugend. Seit Gründung Mitglied der KJO und Funktionär. 1933 wegen illegaler Tätigkeit verhaftet, verurteilt, Jugendgefängnis 1933 - August 1934. Erneut illegale Tätigkeit. Verhaftung, Konzentrationslager Dachau April 1935 - November 1944. Zur Wehrmacht eingezogen November 1944. Gefallen 12.2.1945 bei Kulm.

Bilddokumente

Lagertor Buchenwald

Straße um das Lager mit Krematorium

Blick auf das Lager vom Haupttor

Blick in eine Baracke

Boxen in einer Baracke im kleinen Lager (Aufnahme nach der Befreiung)

Inneres des Krematoriums

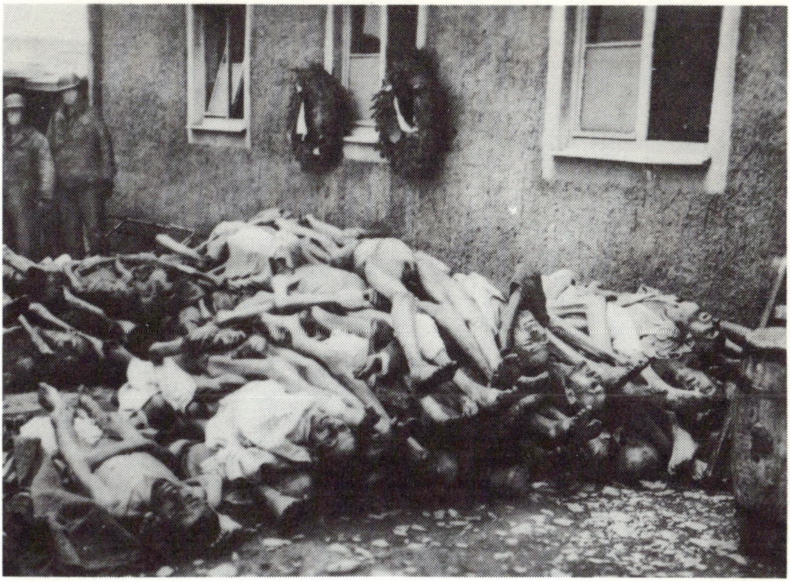

Leichen vor dem Krematorium

Leichen vor dem Krematorium

Der Steinbruch

Schwäbische Häftlinge vor einem Wachtturm, April 1945, in der Mitte Ludwig Becker

Häftlingsgruppe vor einem Wachtturm

Mittagspause vor der Küchenbaracke, April 1945 (dienstverpflichtete Frauen aus Weimar)

Der Block der deutschen Antifaschisten — nach der Befreiung

Ehrenmal für die 51 000 Toten des Lagers

Kundgebung am 1. Mai 1945

Drei Stuttgarter KPO-Häftlinge: Willi Bleicher, Ludwig Becker, Eugen Ochs (v. l. n. r.), 1949

7348

Wehrnummer

Weimar 05/443/14/7.

Polizeil. Meldebehörde — Weimar

Wehrbezirkskommando — Weimar

Ausschließungsschein

Der Masch.-Schlosser
(Beruf, Vor- und Familienname)
Eugen Ochs.

geb. am 4. 4. 1905 zu Stuttgart
(Tag, Monat, Jahr) (Ort)

Württemberg
(Gemeinde, Kreis usw., Regierungsbezirk, Land)

Dienststempel des Wehrbezirkskommandos

wird hiermit vom Dienst in der Wehrmacht im Frieden u. i. Kriege

ausgeschlossen.
Er scheidet auf die vorstehend eingetragene Dauer aus dem Wehrpflichtverhältnis aus.

Weimar, den 27. SEP. 1940
(Musterungsort) (Tag, Monat, Jahr)

Die Kreispolizeibehörde — I. A. — (Unterschrift) — Dienststempel — Land Thüringen — Der Polizeipräsident Weimar

Der Wehrbezirkskommandeur — i. V. — (Unterschrift) — Dienststempel — Oberstleutnant

Zur Beachtung

1. Alle Eintragungen sind mit Tinte oder mit Hilfe der Schreibmaschine auszuführen.
2. Der Verlust dieses Scheines ist sofort dem zuständigen Wehrmeldeamt zu melden.
3. Fälschung und mißbräuchliche Benutzung dieses Scheines wird als Urkundenfälschung gerichtlich verfolgt.

Ausschließungsschein — Bescheinigung über den Ausschluß des Häftlings Eugen Ochs von der Wehrpflicht

Zuchthausstrafen für Staatsfeinde

Die Justizpressestelle Stuttgart teilt mit: In den letzten Tagen hat der Strafsenat des [illegible]landesgerichts Stuttgart gegen mehrere Persone[illegible]handelt, die im Jahre 1934 versucht hatten, die KPD.-Opposition, eine Abart der KPD., in Stuttgart neu aufzubauen, und Druckschriften zur Beeinflussung ihrer Anhänger hergestellt und verbreitet hatten. Die Hauptbeteiligten erhielten Zuchthausstrafen von drei Jahren vier Monaten bis zu vier Jahren. Auch gegen die weniger Beteiligten mußten zur nachdrücklichen Bekämpfung solcher Wühlereien hohe Strafen verhängt werden. So wurde ein Angeklagter, der sich zweimal einige Druckschriften geben ließ, um sie an andere weiterzugeben, zu zwei Jahren Gefängnis verurteilt, obwohl ihm nicht nachgewiesen war, daß er sie tatsächlich weiterverbreitet hat.

Ueber die Verhandlung gegen vier Kommunisten, die am 15. Februar 1933 die Uebertragung einer Rede des Führers von der Stadthalle in Stuttgart auf den Rundfunk und den Marktplatz unterbrochen hatten, ist in der Presse bereits berichtet worden. Inzwischen ist die Ergreifung eines weiteren Täters gelungen, nämlich des verheirateten Hermann Medinger, der dem Alfred Däuble, welcher das 3,75 Meter hoch an einer Hauswand verlaufende Kabel mit dem Beil durchschlagen hat, Hilfsstellung gegeben hat. Am 1. Juli 1936 ist er vom Strafsenat des Oberlandesgerichts zu einem Jahr zehn Monaten Gefängnis verurteilt worden.

Zeitungsbericht über den Prozess gegen Eugen Ochs und Genossen aus dem Stuttgarter NS-Kurier, August 1936

Eugen Ochs

Johanna Ochs

Über Eugen Ochs

Der Gewerkschafter Eugen Ochs
von
Eugen Loderer, 1. Vorsitzender der Industrie-Gewerkschaft Metall

Der südwestdeutsche Raum kann mit Stolz auf eine Reihe von Gewerkschaftern zurückblicken, die nach 1945 ihre ganze Kraft dem Aufbau einer starken, schlagkräftigen Gewerkschaftsorganisation gewidmet haben. Geprägt von der politischen und gewerkschaftlichen Arbeit in der Weimarer Republik, erlebten sie das Ende der ersten Demokratie in Deutschland und die Zerschlagung der Gewerkschaften durch die Hitlerfaschisten. Ungebeugt blieben sie in den folgenden 12 Jahren ihrer Überzeugung treu und bezahlten ihre aufrechte Haltung mit Haft und Folter in den Zuchthäusern und Konzentrationslagern des Dritten Reiches. Aus ihren Erfahrungen haben sie gelernt und sich nach 1945 geschworen, eine einheitliche Gewerkschaftsbewegung aufzubauen. Sie leitete dabei der Grundsatz, daß Spaltung Schwäche und Einheit Stärke und so das Überleben garantieren würden. Das Ziel war die Schaffung einer neuen gesellschaftlichen Ordnung. Zu diesen Männern der ersten Stunde gehört Eugen Ochs.

Eugen Ochs war wie seine Frau Hanne von Jugend an politisch aktiv. Seine entschiedene politische Überzeugung brachte ihn in eine konsequente Gegnerschaft zu den Nationalsozialisten, die ihn verhafteten und zusammen mit Ludwig Becker und Willy Bleicher, spätere Bezirksleiter der IG Metall, in das Konzentrationslager Buchenwald einkerkerten.

Dort gelang es ihm und seinen Genossen, den SS-Schergen zu trotzen und unter Einsatz des eigenen Lebens jüdische Lagerinsassen vor dem Tode zu bewahren. Die Rettung des jüdischen Jungen Juschu ist unter anderem auch ihm mit zu verdanken.

Ich habe Eugen Ochs im Jahre 1947 kennengelernt, als er schon ein Jahr hauptamtlich für die IG Metall in Stuttgart tätig war. In diesem Jahr nahm ich meine Tätigkeit als Jugendsekretär in der Verwaltungsstelle Heidenheim auf. Seit dieser Zeit trafen wir uns häufiger auf Konferenzen und Besprechungen. Er war ein sachkundiger, fleißiger und politisch engagierter Kollege, auf dessen Wort Wert gelegt wurde.

Als im Jahre 1955 im Zuge einer gewerkschaftlichen Umorganisation der Kreis Ludwigsburg von Stuttgart abgetrennt und in den Rang einer eigenen Verwaltungsstelle erhoben wurde, wählten die Kolleginnen und Kollegen Eugen Ochs zum 1. Bevollmächtigten. Die neue Verwaltungsstelle umfaßte damals 6.000 Mitglieder. Zielstrebig setzte sich Eugen Ochs für seine Verwaltungsstelle ein, verdoppelte alsbald die Mitgliederzahl und organisierte die gewerkschaftliche Arbeit umfassend und vorbildlich. Als Bezirkssekretär in der Bezirksleitung Stuttgart von 1959 bis 1963 erlebte ich diese Arbeit unmittelbar. Auch während meiner Tätigkeit als DGB-Landesvorsitzender von 1963 bis 1968 riß der Kontakt nicht ab.

Als Eugen Ochs im Jahre 1969 aus Altersgründen ausschied, hinterließ er ein geordnetes Haus. Er war eine Persönlichkeit, die nicht durch besondere Rhetorik, sondern durch vorbildliche, sachbezogene Arbeit überzeugte. Die Unternehmer fürchteten sein Auftreten im Bezirk, weil sie wußten und spürten, daß er vom Vertrauen der Betriebsräte, Vertrauensleute und Belegschaften getragen war.

Eugen Ochs wird ein kritischer und aufrechter Mann bleiben. Sein ganzes Leben trug den Stempel persönlicher Bescheidenheit. Er ließ sich nie von Äußerlichkeiten blenden. Er blieb immer, was er von Jugend an war: ein aus seiner proletarischen Gesinnung bewußt lebender Kollege. Ich danke ihm persönlich und im Namen der IG Metall für seine besonderen Leistungen im Dienste der Arbeiterbewegung.

Vorbild gewerkschaftlicher Arbeit
von
Edgar Schmidt, Sekretär beim Bezirk Baden-Württemberg der IG-Metall

Mit Eugen Ochs, dem ehemaligen 1. Bevollmächtigten der Verwaltungsstelle Ludwigsburg, habe ich von 1962 bis 1969 zusammengearbeitet; zunächst als Sekretär, dann als 2. Bevollmächtigter und Kassier. Nachdem er aus dem aktiven Dienst der IG Metall ausgeschieden war, ist die freundschaftliche Beziehung zu ihm nie abgerissen. Keineswegs erschöpfend - dazu bedürfte es eines eigenen Buches - sollen einige Erlebnisse aus dieser gemeinsamen Gewerkschaftsarbeit geschildert werden.

In der Auseinandersetzung um die Notstandsgesetzgebung ließ Eugen Ochs nichts unversucht, um dieses Vorhaben, das sich eindeutig und ausschließlich gegen Arbeitnehmer richtet, zu verhindern. Sehr sorgfältig und mit der ihm eigenen Akribie ließ er für die Verwaltungsstelle Ludwigsburg die Mechanismen dieser perfekten Unterdrückungsmaschinerie aufarbeiten. Alle Funktionäre wurden mit der sich anbahnenden unheilvollen Entwicklung schriftlich vertraut gemacht. In Vertreterversammlungen wurde das Thema vertieft und Widerstand entwickelt.

Bei örtlichen und zentralen Veranstaltungen, Kundgebungen und Protestaktionen gegen die Notstandsgesetzgebung waren durch Eugens Initiative immer Ludwigsburger Kolleginnen und Kollegen dabei. Sie wären auch darüber hinaus bereit gewesen, für die Verhinderung dieser Gesetze mehr zu tun, als zu demonstrieren. Sie wußten, was in den Schubladengesetzen stand, die im «Bedarfsfall» gegen die Arbeiter angewendet werden!

Ein Höhepunkt in dieser Auseinandersetzung war eine gemeinsame Veranstaltung der SPD und des DGB des Kreises Ludwigsburg. Beide Lager hatten ihre Anhänger mobilisiert. Der Saal in Freiberg war brechend voll. Dr. Karl Mommer, damals SPD-MdB des Wahlkreises Ludwigsburg und Bundestagsvizepräsident, versuchte den Leuten klarzumachen, warum Notstandsgesetze für die Demokratie gut sind. Keinen Zweifel an dem Klassencharakter dieses geplanten Gesetzes ließ Eugen Ochs aufkommen, damaliger 1. Bevollmächtigter der IG Metall. Er sagte auch voraus, gegen wen sich die Gesetze ausschließlich richten. Wenn damals in Freiberg nach den Reden abgestimmt worden wäre, hätte es nicht viele Stimmen dafür gegeben.

Eugen Ochs wies bereits in den 60er Jahren auf die zwangsläufige Entwicklung des kapitalistischen Systems hin. Er begründete, warum es zu wirtschaftlichen Krisen und Dauerarbeitslosigkeit kommen wird und daß diese Krisen keineswegs überwunden seien, wie man es damals allgemein glaubte. So versuchte Eugen Ochs, rechtzeitig die Arbeitenden auf die sich zu ihren Ungunsten verändernden Bedingungen hinzuweisen, auf die es sich einzustellen gelte. Aufgrund seiner politischen Einsichten und praktischen Erfahrungen konnte er aufzeigen, warum die Unternehmer und die mit ihnen verbundene politische Führung bei Massenarbeitslosigkeit und den daraus entstehenden sozialen Konflikten die Notstandsgesetze brauchen. Deshalb gelte es, sich beizeiten und mit aller zur Verfügung stehenden Kraft gegen diese Gesetze zu wehren, solange die Arbeiterschaft noch dazu in der Lage sei.

Eugen Ochs und seine Ludwigsburger Funktionäre haben nichts versäumt im Kampf gegen die Notstandsgesetze. Es wäre schlimm, wenn die damaligen Befürchtungen so schnell bestätigt würden, und sicher alles andere als eine Befriedigung, recht behalten zu haben. Trotzdem hat es den Anschein, daß diese Situation eintritt. Die Führung der IG Metall und des DGB seien damals nicht konsequent genug gewesen, war Eugens Meinung, obwohl gerade die IG Metall bundesweit sehr aktiv war. Aber aufgrund seiner Erfahrungen hielt er es für ungenügend, in einer Klassenauseinandersetzung zu protestieren und zu demonstrieren, wenn man sich am Ende vor der letzten Konsequenz drückt. Er konnte das in sehr beredten Worten und nicht widerlegbar schildern am Beispiel des Versagens der Arbeiterbewegung im Jahre 1933.

Zu einer heftigen Auseinandersetzung zwischen Dr. Mommer und Ochs kam es auch wegen Mommers Äußerungen über Willi Bleicher. Dieser war zu einer Gedenkfahrt nach Lidice gefahren und traf dort auch einen ehemaligen tschechischen KZ-Gefährten aus Buchenwald. Mommer machte damals öffentlich grosses Theater, nannte Willi Bleicher einen trojanischen Esel, der sich aufs tschechische kommunistische Eis begeben hätte. Es würde schlimme Folgen für die Demokratie haben, wenn sich der Bezirksleiter der IG Metall in Prag mit einem Kommunisten trifft.— Wie vergiftet damals das politische Klima war, zeigt, daß viele Zeitungen in der BRD begierig die Stellungnahme des kalten Kriegers Mommer aufgriffen. Keiner einzigen Gazette fiel dazu ein, daß es die natürlichste Sache von der Welt ist, wenn sich zwei ehemalige Leidensgefährten treffen, die die Grausamkeiten der Nazis im KZ Buchenwald überstanden haben, um miteinander zu sprechen.

Eugen Ochs drückte das auf seine Art drastisch und mit breiter öffentlicher Wirkung aus. Bei seiner Stellungnahme für Willi Bleicher schwang auch das mit: Kumpel läßt man nicht im Stich, und mit einem Kumpel spricht man, auch wenn er eine andere politische Meinung hat. Für Bleicher sei das selbstverständlich gewesen. Mommer sprach er dieses Gefühl ab.

Man muß Eugen in Versammlungen, insbesondere in Betriebsversammlungen, erlebt haben. Er versäumte es nie, bei wichtigen Diskussionen und Auseinandersetzungen auf die Ursache der Konflikte im Betrieb aufmerksam zu machen, den Interessengegensatz zwischen Kapital und Arbeit aufzuzeigen und damit den nicht überbrückbaren Gegensatz zwischen Lohn und Profit.

Die Art und Weise, wie Eugen seiner Arbeit im kleinen und großen nachging, war beeindruckend und die Grundlage für eine wirkungsvolle gewerkschaftliche Arbeit unter den abhängig Beschäftigten im Kreis Ludwigsburg. Der Leitspruch: «In der betrieblichen Kleinarbeit zeigt sich gewerkschaftliche Stärke», traf auf niemand so treffend zu wie auf ihn.

Die Funktionäre und Mitglieder konnten sich auf ihn verlassen. Er machte keine leeren Versprechungen,hielt Zusagen ein und kümmerte sich auch um scheinbare Kleinigkeiten.

Eugen lehrte: Was einem selbst als nebensächlich erscheint, ist für die Kollegen oft ein großes Problem. Sich darüber hinwegzusetzen, wäre für ihn unverzeihlich gewesen. Diese Kleinarbeit zum Grundsatz in der Verwaltungsstelle zu machen, gelang ihm weitgehend. Der Name Eugen Ochs wurde zum Synonym für Solidität.

Das Ausfahren von Material in die über 70 Metallbetriebe des Kreises Ludwigsburg war immer ein aufregender Tag. Zuvor wurde von Eugen anhand einer Landkarte festgelegt, in welcher Reihenfolge die Betriebe angefahren werden, damit es keine unnützen Wege gab. Die Planung der Ausfahrt grenzte an Generalstabsarbeit, bewährte sich und sparte eine Menge Zeit.

Diese Materialfahrten zu den Betrieben waren für mich die reinsten Bildungsfahrten. Eugen wußte über jeden Betrieb das Wesentliche zu sagen und eine Einschätzung des Funktionärsstammes zu geben, die zutraf und auf die ich mich bei meiner Arbeit stützen konnte.

Noch etwas konnte man von Eugen lernen. Er war als Bevollmächtigter nicht überheblich, kein Apparatschik, er wußte immer, woher er kam und wohin er gehörte. Deshalb hatte er ständig private Kontakte zu ehrenamtlichen Kollegen, verkehrte mit ihnen und ihren Familien und war somit nie abgehoben von der Basis, wie man heute sagt.

Eugen Ochs legte in Ludwigsburg ein Fundament für gewerkschaftliche Arbeit, auf das man heute und in Zukunft bauen kann. Im Jahre 1955 übernahm er bei der Gründung der Verwaltungsstelle Ludwigsburg etwas über 6.000 Mitglieder. Bei seinem Ausscheiden im Jahre 1969 war die Zahl auf 15.000 angestiegen. Diese enorme Steigerung war keine Selbstverständlichkeit, sondern das Ergebnis harter Knochenarbeit.

Mit am besten kam Eugen mit der Jugend aus. Nicht nur durch die Schilderung seiner Erfahrungen im Nazi-Deutschland, sondern auch wegen seines klaren Klassenstandpunktes. Ohne das Wissen um das geschichtliche Muß von Gewerkschaften und den Klassencharakter unserer Gesellschaft, ohne die Kenntnisse über den historischen und dialektischen Materialismus, ohne die Gewißheit, daß der Kapitalismus zu überwinden ist, hätte Eugen Ochs die Kraft für seine Arbeit nicht gehabt. Diese hat Spuren hinterlassen, von denen das vorliegende Buch nur eine ist.

Möge dieses Buch vielen jungen Kolleginnen und Kollegen zugänglich gemacht werden und viele Funktionäre aus ihm Kraft schöpfen für die gewerkschaftliche und politische Alltagsarbeit im Sinne von Eugen Ochs. Das ist mein Wunsch für seine Lebensbeschreibung, die Schilderung eines Lebens für die Arbeiterbewegung.

Personenverzeichnis

ed.co.ed.co.ed.co.ed.co.ed.co.ed.co.ed.co.ed.co.ed.co.ed.co.ed.co.ed.co.

Eugen Eberle/Peter Grohmann - »Die schlaflosen Nächte des Eugen E.«
Erinnerungen eines neuen schwäbischen Jacobiners
288 Seiten, Foto- und Dokumententeil.
Paperback DM 19.80, Leinen DM 26.80
ISBN 3-922836-06-2

Die Autoren erzählen ein Stück deutscher Geschichte: Vom Niedergang der Weimarer Republik über die Jahre der Hitlerdiktatur bis hinein in heutige Tage. Am intensivsten wird dabei den Fragen nachgegangen, die wir uns auch heute stellen: Wie war das möglich mit den Nazis? Haben unsere Mütter und Väter nichts gewußt? Was spielte sich in Stuttgart ab, bis 1945, danach? Hier wird Geschichte von der anderen Seite her betrachtet: aus der Sicht jener, die in den Bunkern hockten, ins KZ gingen, dann mit vielen Illusionen 1945 mit dem Aufbau begannen. Eberle und Grohmann fragen zum Schluß: Für wen?

Manfred Scharrer - »Die Spaltung der deutschen Arbeiterbewegung«
364 Seiten, Leinen, DM 32.-
ISBN 3-922836-18-6

Der Historiker Manfred Scharrer stellt die Geschichte des Spaltungsprozesses in der deutschen Arbeiterbewegung als einen innerlinken Diskussionsprozeß dar. Diese Auseinandersetzung wurde in erster Linie als ein Prinzipienstreit geführt und mündete in der Novemberrevolution 1918 in die Alternative: demokratische Republik oder proletarische Klassendiktatur. Die Gründung der KPD war Ausdruck dieser unversöhnlichen Alternative.
Die ersten Jahre der KPD stehen ganz im Zeichen des Streits um die Erbschaft Rosa Luxemburgs, d.h. eines Streits über Mittel und Wege kommunistischer Politik.
Es geht also um die Frage, ob es Rosa Luxemburg gelungen ist, ein sozialistisches Programm zu formulieren, Mittel und Wege seiner Verwirklichung aufzuzeigen, d.h. eine revolutionäre Utopie zwischen Sozialdemokratie und bolschewistischer KPD zu entwickeln.
Es geht damit auch um Grundsatzfragen sozialistischer Politik heute. Theorie und Praxis des Spartakusbundes gewannen in der Studentenbewegung neue Aktualität und weitreichende Bedeutung. Die vorliegende Arbeit ist deshalb auch ein Beitrag zur Aufarbeitung der Geschichte.

Fritz Lamm/Vera B. - »Habana-New York-Habana« - Briefe aus Exilen
100 Seiten, Paperback, DM 12,50
ISBN 3-922836-10-0

Tausende von Briefen fanden sich im Nachlaß von Fritz Lamm, der 1977 in Stuttgart starb.
Rund 100 Seiten umfaßt der in dieser Broschüre veröffentlichte Briefwechsel mit Vera B., den Fritz Lamm von seinem Exil in Kuba aus führte: Politik und tägliches Leben sind eine Einheit, Fragen werden gestellt und durch neue Fragen beantwortet. Fritz Lamm, der undogmatische, linke Sozialist, argumentiert und setzt sich mit der Zweiflerin auseinander wie mit seinen eignen Zweifeln.